互联网营销

张志千　肖杰　高昊　宋瑞芳◎编著

知识产权出版社
全国百佳图书出版单位

图书在版编目（CIP）数据

互联网营销/张志千等编著．—北京：知识产权出版社，2016.2
ISBN 978 – 7 – 5130 – 3847 – 8

Ⅰ.①互… Ⅱ.①张… Ⅲ.①网络营销 Ⅳ.①F713.36

中国版本图书馆 CIP 数据核字（2015）第 246149 号

内容提要

本书系统地介绍了互联网营销推广策略、实战技巧以及成功的关键，详细介绍了互联网时代众多网络营销的方法，从营销团队的建设、社会化媒体营销到移动媒体营销、电子商务平台营销，内容涵盖当今热门的微博营销、微信营销、博客营销、论坛营销、电子邮件营销、软文营销、新闻营销、病毒营销、搜索引擎营销、IM 营销等，并且对每一种营销的操作方法都进行了详细介绍，深入浅出，与真实案例相结合进行分析总结，并有针对性地策划可行性营销方案，使读者能够身临其境地感受到互联网营销的魅力。

责任编辑：刘琳琳　　　　　　　　责任出版：刘译文

互联网营销

张志千　肖杰　高昊　宋瑞芳　编著

出版发行：	知识产权出版社 有限责任公司	网　　址：	http://www.ipph.cn
社　　址：	北京市海淀区马甸南村1号	天猫旗舰店：	http://zscqcbs.tmall.com
责编电话：	010 – 82000860 转 8390	责编邮箱：	sunsan – lin886@163.com
发行电话：	010 – 82000860 转 8101/8102	发行传真：	010 – 82000893/82005070/82000270
印　　刷：	三河市国英印务有限公司	经　　销：	各大网上书店、新华书店及相关专业书店
开　　本：	787mm×1092mm　1/16	印　　张：	15.75
版　　次：	2016年2月第1版	印　　次：	2016年2月第1次印刷
字　　数：	250千字	定　　价：	38.00元

ISBN 978-7-5130-3847-8

出版权专有　侵权必究

如有印装质量问题，本社负责调换。

前　言

　　《互联网营销》是以电子商务交易技术国家工程实验室"资历架构能力标准体系"为基础推导的培训教材，其内容随着行业发展不断进行调整和补充，涵盖互联网营销岗位所需知识和能力的要求，可帮助读者迅速培养互联网营销岗位工作能力。

　　本书为劳动与社会保障部中国就业指导中心"互联网营销岗位培训证书"指定教材。读者在学习结束后，可选择报考取证。

本书学习方法

　　本书包括在线课堂、在线作业、项目实训，登录"好学好职网"即可注册使用。网址：www.haoxuehaozhi.com。

　　在线学习平台主要内容：

在线课堂

随时随地学习、节约时间金钱
量身定做计划、内容持续更新
足不出户和名师直接交流

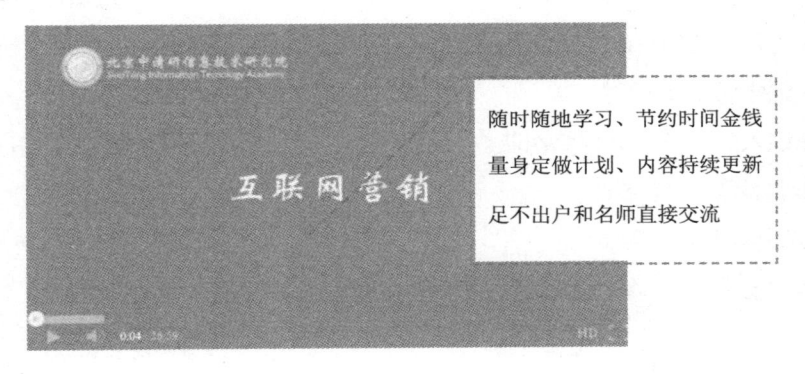

互联网营销

在线作业

电子商务-在线作业_A 最终成绩：100.0

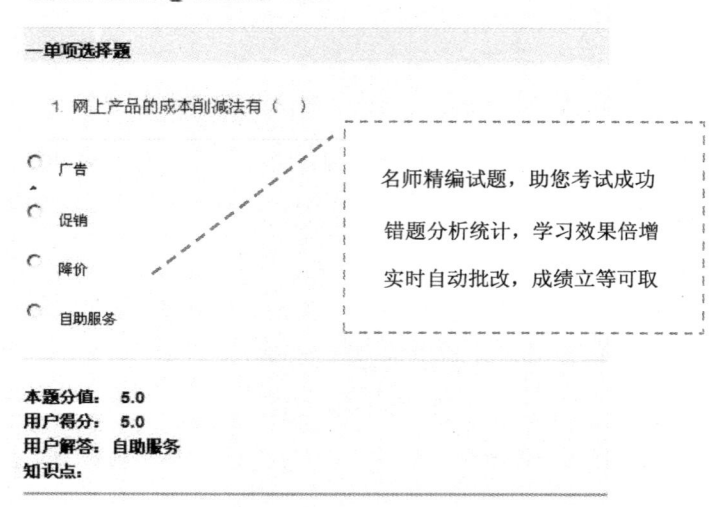

一单项选择题

1. 网上产品的成本削减法有（ ）

○ 广告
○ 促销
○ 降价
○ 自助服务

本题分值：5.0
用户得分：5.0
用户解答：自助服务
知识点：

> 名师精编试题，助您考试成功
> 错题分析统计，学习效果倍增
> 实时自动批改，成绩立等可取

项目实训

实训项目三

项目名称：制定"德吉奶茶"互联网营销计划

内容提要：训练学生制定互联网营销战略和计划的能力，以及进行网络商业创业的基本能力，确定小组网络创业项目和互联网营销计划并在实战中检验。

实训学时：3 学时

每组人数：5 人，网络组队。

实训类型：研究型

实训类别：项目实训

实训要求：必修

> 中清研特色实战项目
> 真实项目操作

目 录

第1章 启程，成长在互联网营销"狮"的路上 / 1

第1节 传统营销与互联网营销 / 3
1. 从"小米模式"看互联网营销创新与对传统营销模式的颠覆 / 3
2. 互联网营销的基本特征 / 5

第2节 互联网营销工作内容和工作流程 / 6
1. 互联网营销的工作内容 / 6
2. 互联网营销的工作流程 / 8

第3节 互联网营销"狮"的成长之路 / 9
1. 一个合格互联网营销"狮"的自我修养 / 9
2. 网络营销"狮"的岗位和成长路径 / 11
3. 横向岗位分工 / 12
4. 纵向规划实例 / 14

第2章 社会化媒体营销（SMM）的8大主流工具 / 17

第1节 电话营销终结者——IM营销 / 18
1. IM营销是什么 / 18
2. 常见的IM工具 / 19
3. IM工具的特点 / 19
4. IM营销的优势 / 20
5. QQ营销 / 20

第 2 节　不老的传奇——E-mail 营销 / 26

　　1. 如何正确地进行许可 E-mail 营销 / 27

　　2. 许可 E-mail 营销要遵循的 9 个基本原则 / 27

　　3. 撰写 E-mail 的一些技巧 / 28

第 3 节　灌水高手——论坛营销 / 30

　　1. 论坛营销的特点 / 31

　　2. 论坛营销的步骤 / 32

　　3. 论坛文案的形式 / 33

　　4. 论坛营销的常见技巧 / 34

第 4 节　博主的野望——博客营销 / 36

　　1. 博客的特点 / 37

　　2. 博客营销的定位 / 37

　　3. 博客营销的操作步骤 / 38

　　4. 案例：葡萄酒的星火燎原战略 / 38

第 5 节　网络硬广告——网络广告营销 / 39

　　1. 网络广告的特点 / 40

　　2. 网络广告的分类 / 41

　　3. 网络广告的局限性 / 43

　　4. 提升网络广告营销效果的方法 / 44

　　5. 网络广告营销的测量方法 / 45

第 6 节　一把"双刃剑"——新闻营销 / 46

　　1. 成功的新闻营销 / 47

　　2. 新闻营销的分类 / 47

　　3. 新闻营销的步骤 / 48

　　4. 新闻营销的技巧 / 48

第 7 节　伪装的广告——软文营销 / 49

1. 软文营销的软文形式 / 50

2. 软文营销的"三软" / 52

3. 软文营销的步骤 / 52

4. 软文营销的实施技巧 / 53

5. 软文营销的写作技巧 / 54

6. "多点 Dmall"经典软文：趁你未老，趁我能报 / 55

第 8 节　让大家告诉大家——病毒式营销 / 56

1. 病毒式营销的特点 / 57

2. 病毒式营销的基本要素 / 58

3. 病毒式营销的实施过程 / 59

4. 《金陵十三钗》病毒营销案例 / 59

第 3 章　决胜指尖——移动媒体营销（MMM）/ 61

第 1 节　移动营销前世今生 / 62

第 2 节　App 营销 / 65

1. App 常见的推广方法 / 66

2. 常用的移动数据分析 / 68

第 3 节　扫一扫——二维码营销 / 70

1. 二维码，打通 O2O / 71

2. 成功的二维码设计 / 71

第 4 节　粉丝经济——微博营销 / 73

1. 微博营销的主要形式 / 73

2. 微博营销的技巧 / 74

3. 微博营销的操作流程 / 75

4. 51 信用卡管家的植入营销 / 77

第 5 节　玩转朋友圈——微信营销 / 79

1. 微信营销的特点 / 80

2. 微信与微博 / 81

3. 微信公众平台入门 / 82

4. 常见的微信运营步骤 / 84

第4章 战斗在淘宝、京东上——电子商务平台营销（EPM）/ 87

第1节 电子商务平台 / 88

1. 常见电子商务平台分类 / 88

2. 第三方电子商务平台 / 90

第2节 网上开店 / 90

1. 你要知道的淘宝、天猫、京东等电商平台 / 91

2. 淘宝开店的常用工具 / 91

3. 物流配送 / 92

第3节 店铺装修，"颜值"提升销量 / 93

1. 了解网店装修 / 93

2. 使用淘宝旺铺 / 94

3. 使用淘宝助理编辑并上传宝贝 / 95

第4节 直通车"驾校" / 96

1. "开车"基础 / 96

2. 直通车账户优化 / 96

3. 选款优化 / 97

4. 直通车点击率优化 / 98

5. 直通车数据 / 98

第5节 淘宝常用推广方法 / 99

1. 淘宝客 / 99

2. 钻石展位 / 100

3. 淘金币 / 102

4. 聚划算 / 102

目 录

第 6 节　必须了解的其他推广方法 / 103

　　1. 天天特价 / 103

　　2. 常规硬广告 / 103

　　3. 试用中心 / 104

　　4. 淘女郎 / 104

　　5. 淘宝分销平台 / 105

　　6. 免费流量提升技巧 / 107

　　7. 活动策划与执行 / 108

第 7 节　打造爆款 / 110

　　1. 前期准备 / 110

　　2. 单品选择 / 111

　　3. 单品页面准备 / 112

　　4. 店铺准备 / 113

　　5. 推爆步骤 / 114

　　6. 效果评估及整改 / 116

　　7. 打造店内爆款群 / 116

第 8 节　用数据驱动营销 / 116

　　1. 流量 / 116

　　2. 成交转化率 / 118

　　3. 客单价 / 120

　　4. 数据分析部门运营管理 / 120

第 9 节　亲！我是客服！/ 122

　　1. 不可或缺的客服人员 / 122

　　2. 售前知识储备 / 123

　　3. 客户接待与沟通 / 124

　　4. 有效订单的处理 / 125

5. 交易纠纷的处理 / 125

第5章 技术成就排名：搜索引擎优化（SEO）/ 129

第1节 SEO 基础 / 130

1. SEO 的概念 / 130

2. SEO 基本术语 / 131

3. SEO 的主要环节 / 144

第2节 关键词优化 / 145

1. 目标关键词 / 145

2. 关键词分析和确定 / 146

3. 关键词密度控制 / 148

4. 关键词布局 / 150

5. 长尾关键词 / 150

6. 关键词组合 / 152

第3节 URL 网页地址优化 / 155

1. URL 一般形式 / 155

2. URL 优化方式 / 155

3. 网页地址重定向 / 159

第4节 链接策略 / 162

1. 链接基本知识 / 162

2. 站内链接的优化 / 164

3. 内部链接 / 165

4. 外部链接 / 167

第5节 SEO 作弊方法 / 171

1. 内容作弊 / 171

2. 链接作弊 / 174

3. 作弊处罚 / 177

第6章 追求最高的性价比：搜索引擎营销（SEM）/ 181

第1节 SEM基础 / 182

1. SEM的概念 / 182

2. SEO和SEM的区别 / 182

3. SEM的价值 / 183

4. SEM的发展阶段 / 183

5. SEM的基础术语 / 184

第2节 搜索引擎营销模式 / 187

1. 免费、付费登录分类目录 / 187

2. 搜索引擎优化 / 188

3. 关键词竞价排名 / 188

4. 关键词广告 / 189

5. 网页内容定位广告 / 190

第3节 搜索引擎营销付费方式 / 191

1. CPM（Cost per Thousand，每千人成本网上广告收费）/ 191

2. CPC（Cost per Click，每点击成本）/ 191

3. CPA（Cost per Action，每行动成本）/ 192

4. CPR（Cost per Response，每回应成本）/ 192

5. CPP（Cost per Purchase，每购买成本）/ 193

6. 包月方式 / 193

7. PFP（Pay for Performance，按业绩付费）/ 193

8. PPC（Pay per Cal，来电付费广告）/ 194

9. 其他计价方式 / 194

第4节 搜索引擎营销的一般流程 / 195

1. 搜索引擎营销的方法步骤 / 195

2. 基于百度推广的具体操作流程 / 195

第 5 节　其他引擎营销 / 199

　　1. 谷歌 / 199

　　2. 奇虎 360 / 199

　　3. 搜狗 / 201

　　4. 各大搜索引擎市场份额 / 202

第 6 节　着陆页策划 / 203

　　1. 着陆页的用途 / 203

　　2. 着陆页的类型 / 204

　　3. 着陆页与搜索引擎优化 / 205

　　4. 着陆页优化的重点 / 205

　　5. 网站着陆页设计准则 / 206

　　6. 案例：一个完美着陆页的几个特征 / 207

第 7 章　互联网营销实施 / 211

第 1 节　市场调研和分析 / 212

　　1. 市场调研的流程 / 212

　　2. 市场调研的方法 / 212

　　3. 网络市场调查 / 213

第 2 节　网购消费者需求分析 / 214

　　1. 网络购物现状 / 214

　　2. 网络消费者的行为特征及变化 / 216

第 3 节　网络整合营销方案的制定 / 217

　　1. 网络整合营销 / 217

　　2. 网络整合营销 4I 原则 / 218

　　3. 网络整合营销的三大步骤 / 220

第 4 节　网站数据分析 / 221

　　1. 电商数据分析的主要方法和流程 / 221

2. 网站数据分析的关键绩效指标（KPI）／224

3. 网站数据统计带来哪些分析结果？／229

4. 网站访问统计分析报告／230

5. 在线统计服务／231

第5节 网络危机管理／232

1. 网络危机的特点／232

2. 如何建立有效的危机管理机制／233

3. 网络危机的有效预防／234

参考文献／236

第 1 章
启程，成长在互联网营销"狮"的路上

二十一世纪要么电子商务，要么无商可务。

比尔·盖茨

同样是猫科动物，我们更希望你成为擅长团队作战的营销"狮"，而不是习惯单打独斗的营销"虎"！

作者

如果拥有时光机，你就会发现我们的生活在发生多么巨大的变化。一些90后习以为常的东西，对许多70后、80后来说，却是经历巨大变化后留下的震惊。他们亲眼看见了百度干了广告的事，淘宝、京东干了超市的事，微博干了媒体的事，微信干了通信的事，支付宝干了银行的事——这个世界，不是外行干掉内行，而是趋势干掉规模！

互联网强行地"+"上所有的传统产业，所有的企业都在发生变化。对企业而言，互联网改变最多的便是营销。市场营销需要感知顾客的需求，提供产品或服务满足顾客的需求从而获得利润，在其核心的信息流、物流、资金流上，互联网更具有优势。在没有网络的年代，市场营销是企业的核心；在互联网时代，互联网营销一样是企业的核心！

互联网营销（E-Marketing）是以互联网为核心平台，以网络用户为中心，以市场需求和认知为导向，利用各种网络应用手段去实现企业营销目的的一系列行为。其功能包括电子商务、企业展示、企业公关、品牌推广、产品推广、产品促销、活动推广、挖掘细分市场、项目招商等各个方面。与互联网营销概念相似的词语包括：网络营销、网上营销、在线营销、网路行销等。

如果站在消费者的角度来看，互联网营销就是使大量的客户通过互联网，找到某网站、商铺，查看商品卖点，通过电话、邮件、QQ等方式联系到卖家或者厂家，从一个潜在客户变成有效客户的过程；也可以理解成：互联网营销就是以企业实际经营为背景，以互联网营销实践应用为基础，从而达到一定营销目的的营销活动。

无论从哪个角度看，我们都发现营销人员作为连接企业和客户的重要桥梁，在企业的生存和发展过程中发挥着核心的作用，网络营销"狮"正战斗在这个舞台上，当越来越多的客户都来自网络的时候，他们就也越来越受到企业的重视。

第1节　传统营销与互联网营销

传统营销主要由三大板块构成,首先从 P(Probe)板块开始进行"市场探测",探测市场环境;其次,营销战略(STP)板块做市场细分(Segmentation),确定目标市场(Target)并进行市场定位(Position);最后,营销组合策略(4P)板块包括产品(Product)、价格(Price)、渠道(Place)和促销(Promotion)策略。传统营销遵循如此营销流程图,并依赖层层严密的渠道,通过大量人力与广告将产品或服务投入市场。

1. 从"小米模式"看互联网营销创新与对传统营销模式的颠覆

2010 年 4 月 6 日,雷军选择了重新创业,他和一群网络精英建立了小米公司,他期望他创立的是一家专注于智能产品自主研发的移动互联网公司。"为发烧而生"是小米的产品理念。小米公司首创了用互联网模式开发手机操作系统、消费者参与开发,参与改进的模式。"小米只做自己最擅长的环节——营销和设计,制造方面则是要和全球最好的供应商合作。"雷军一直这样告诉外界。

当人们以为中国只是又多了一个"山寨机"品牌的时候,谁也没有想到几年后的景象:上千人的会场,雷军随着舞台的光束出现,欢呼声四起,台下是或站或坐挤满全场的"米粉"。每年的小米新品发布会,更像是一场雷军与"米粉"们的狂欢。2011 年 30 万台、2012 年 719 万台、2013 年 1870 万台,2014 年 6112 万台。一个超越三星、苹果的中国手机市场的王者出现了。超速增长的各类数据,见证了小米在手机市场的狂飙逆袭。

小米的互联网营销模式对传统营销造成了怎样的影响呢?如果我们从传统营销流程图着手分析,会有以下发现:

互联网营销

（1）互联网技术对营销探测（Probe）的冲击。在互联网时代，消费者可以通过互联网参与设计和订制产品，互联网技术的互动性使得营销探测具有了互动性，企业既是信息的收集者，也是信息的接受者；传统营销探测主要是定性描述消费者行为，面向消费者群体，而互联网营销则直接面对消费者个人，通过建立数据库，进行顾客关系管理（CRM）。

（2）互联网技术对营销战略（STP）的冲击。网络的便捷性，使企业跨越空间距离，可直接接触到消费者。"市场细分"甚至可以细分到人；顾客定制的出现，使顾客可与企业直接沟通，导致"选择目标市场"这一传统营销中非常重要的环节变得简单；唯一不变的是"市场定位"依然重要，因为互联网时代的消费者更有条件满足个性，有个性、有企业形象的产品才能得到消费者的青睐。市场竞争的重心因此从产品转向品牌与企业文化。

（3）互联网技术对营销组合策略（4Ps）的冲击。最大的变化是批发商、零售商被排除，生产商直接面对消费者，销售渠道大大缩短，取而代之的是物流配送；其次，顾客参与产品的配置工作甚至参与产品的设计，顾客订制产品，营销职能外部化；再次，互联网信息的透明，使得同等产品价格一目了然、靠信息不对称取得差价的可能性变低，充分竞争让定价由市场决定；最后，消费者的个性化追求这种一对一营销的需求，在网络时代由于互联网的低成本互动性，使得消费者和商家一对一的亲密沟通成为现实。

总之，互联网技术将营销流程大大简化和压缩。顾客通过互联网订制或者设计产品，然后以订单的形式通过互联网将信息传递给生产商，生产商按订单生产，再通过物流配送体系直接将货发送到顾客手中。在这个过程中，营销探测和营销战略被一张订单压缩简化了，同时还省去了销售渠道这一环节。

在网络时代，顾客越来越成为整个活动的中心。商家在互联网营销中不再居于主体地位，产品不再由商家调研，然后制造，再进行定位、定价，最后推销给消费者。明智的消费者占据了主动权，由他们发出自己的需求信息，包括产品设计、零件配置信息等，商家只是按单生产而已。

在未来将"工业4.0"的时代，一个将生产原料、智能工厂、物流配送、消费者全部编织在一起的大网将形成，消费者只需用手机下单，网络就会自动将订单和个性化要求发送给智能工厂，由其采购原料、设计并生产，再通过网络配送直接交付给消费者。

我们可以设想一个场景，在不久的将来，你在手机里打开"中国小众"智能汽车工厂的 App，从数百种配置中选择一款车型，然后在个性化订单中输入诸如"把轿车内饰设计成变形金刚款并加上中国红元素"的要求，没过多少天，一辆用"工业4.0"流水线为你设计、制造的"中国变形金刚版轿车"就会送到你家门口，价格并不比量产车贵多少。

2. 互联网营销的基本特征

从上面分析中，我们不难看出，相对于传统的市场营销，互联网营销具有如下基本特征。

（1）公平性。互联网给所有的个人、所有的企业公平的竞争机会，在网络上，企业没有大小，没有资金准入等限制，所有的企业都能在网上开展电子商务，都站在同一条起跑线上；

（2）虚拟性。互联网提供了一个虚拟的环境，在这个环境中，企业生存于一个有别于实际地理空间的虚拟空间或虚拟社会，使得传统的空间概念不复存在；

（3）对称性。传统市场的信息不对称不复存在，消费者可以轻松地从网上搜索自己想要掌握的任何信息；

（4）模糊性。一些内容在网络上变得模糊不清了，如厂商和顾客的模糊、产品和服务的模糊、企业边界的模糊等；

（5）复杂性。互联网营销的模糊性，使经济活动变得和传统营销大不相同，复杂性增强。

互联网营销

网络改变了厂商和顾客之间的信息流,让它从单向变成交互;网络改变了资金流,让其速度更快、归集更方便;网络改变了物流,使之更加智能化和便捷。但是,网络没有改变的是:消费者永远是营销的出发点和归宿。"Marketing 的工作每天都有变化,甚至每天都可能有新的概念和工具出现,但是有些浅显的道理从来没有变过,比如说:如果你的营销不成功,不必百思不得其解,原因再多,其实只有一个,要么是没有满足他们的需求,要么是他们还没有感受到"。一个品牌经理如是说。

无论顾客是鸿雁传书来、亲自上门来、发电报来、打电话来、发邮件来,还是手机网络下单来,感知顾客的需求,提供产品或服务满足顾客的需求获得利润,营销人做的工作,永远不会变。

第 2 节 互联网营销工作内容和工作流程

1. 互联网营销的工作内容

互联网营销的核心职能就是网上销售商品和建立网络品牌,与此相对应,可归纳为九个方面的职能:网上销售、网络品牌、网址推广、销售渠道、销售促进、信息发布、网上调研、顾客关系、顾客服务。互联网营销的职能不仅表明了互联网营销的作用,也表明了互联网营销工作的主要内容。

(1)网上销售

互联网营销的核心功能就是网上销售商品,方法主要由两种,一是自建网站销售,二是通过电商平台来开展在线销售。两种方式均是企业的在线销售渠道,这个渠道能完成订单确认、网上支付等电子商务功能。随着电子商务的价值越来越多地被证实,更多的企业将开拓网上销售渠道。

(2)网络品牌

互联网具备典型的媒体特征,通过互联网,可以在网络用户中推广企业的品牌，快速树立品牌形象，知名企业的网下品牌可以在网上得以延伸，并提升企业整体形象。

当企业的绝大部分用户都在网上的时候，通过网络推广，用户对企业品牌达到认知和认可，这种情况下，网络品牌的价值甚至高于网上销售！仔细想想，在未来，还有多少用户不在网上，不接触网络？

（3）网址推广

搜索引擎优化（SEO）和搜索引擎营销（SEM）就做这个工作。过去，人们曾认为互联网营销就是网址推广，虽然现在人们不这样认为了，但是，网站要发挥自己的功能，无论是销售商品还是传播品牌，都需要一定的访问量，所以，网址推广依然是重要的工作。

（4）信息发布

无论是销售信息的发布还是品牌信息的推广，都是互联网营销的基本职能。互联网营销的核心，就是通过网络的方式，将一定的信息传递给目标人群，包括顾客、潜在顾客、媒体、合作伙伴、竞争者等。

（5）销售促进

销售促进是营销4Ps（Product，Price，Place，Promotion）中重要的一个P（Promotion），互联网在促销上有传播面积广和传播速度快的优势。大部分互联网营销方法都与直接或间接促进销售有关，事实上，网上销售促进对线上销售、线下销售都十分有价值。

（6）销售渠道

具备网上交易功能的企业网站、电商等平台开设的企业网店，其本身就是一个网上交易场所，网上销售是企业销售渠道在网上的延伸。

（7）顾客服务

从网站的常见问题解答到在线咨询、QQ、旺旺、留言板、产品论坛等，互联网提供了更加方便的顾客服务手段，努力提高这部分的顾客服务质量，互联网营销效果会得到很大的提升。

互联网营销

（8）顾客关系

良好的顾客关系建立在交流之上，网络具备较强的交互性。在网络上及时传播企业的信息，及时了解和回答顾客的问题、提高顾客的参与感，能比线下更能快捷地增进顾客关系。

（9）网上调研

网上调研具有速度快、成本低的特点，通过在线调查表或者电子邮件等方式，可以完成网上市场调研。准确地了解顾客和顾客的需求，是互联网营销的主要职能之一。

除此以外，统计分析、网站优化、资源互换也被认为是网络营销的基本职能。

互联网营销的核心职能就是网上销售和建立网络品牌，前者能迅速见到效益，后者却是一个漫长的过程，但后者对企业的未来影响更大。企业开展互联网营销，必须抛弃急功近利的思想。同时，我们必须注意到，互联网营销各职能是相互配合、共同发挥作用的，仅仅由于某些方面效果欠佳就否认互联网营销的作用是错误的。

2. 互联网营销的工作流程

互联网营销的一般工作流程可如图 1-1 所示。

互联网营销调研 → 互联网营销战略的选定 → 互联网营销策略的选定 → 互联网营销方法的实施 → 互联网营销管理

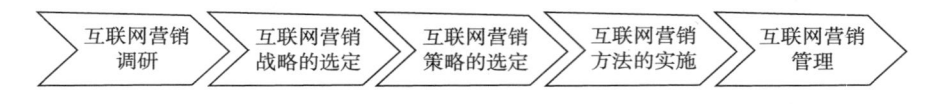

图 1-1 互联网营销的一般工作流程

在互联网营销调研过程中，无论企业提供的是商品还是服务，互联网营销与传统营销在调研过程中的区别并不大，唯一区别在于互联网营销主要是通过网上调研来获得用户或者潜在用户的信息，通过网络信息的收集或者其他办法获得竞争者信息。

在互联网营销战略的选定过程中，最主要是针对互联网营销调研的结果，得出何处有更多的用户或者潜在用户，我们服务哪部分顾客，我们的产品或者服务将在顾客心目中作何定位。

在互联网营销策略方面主要是针对何时、何地、采用什么策略更合适，例如，在网站建立初期，工作重心是放在搜索引擎优化（SEO）上，接下来是网站推广策略，再接下来是网站的渠道策略，然后是实施广告策略，等等。

在互联网营销方法的实施中，要针对具体的策略进行操作，例如在SEO工作中，如何让搜索引擎更多地收录页面，如何增加网站的外链等具体的工作，或者针对事件营销策略进行事件策划、包装、炒作等。

在互联网营销管理工作中，要对企业营销工作进行分析、改进、总结。

以上流程是一个互联网营销"狮"应该要明确的工作流程。互联网营销说到底，是建立更多的信息发布、反馈的渠道（包括线上、线下两部分），通过互联网营销策略，让用户接受企业的产品或者服务，并且推广自己的品牌。

第3节　互联网营销"狮"的成长之路

和一开始就"人模人样"的程序"猿"不同，互联网营销"狮"的成长之路更为艰辛，但也更有激情。

1. 一个合格互联网营销"狮"的自我修养

在决定从事这个行业之前，请静下心来，仔细回答下面的一系列问题。

小测试，你是否具备营销人特质？

（1）我已经写下了设定的目标。

（2）我拥有良好的自律能力。

（3）我属于自我激励型的人。

（4）我希望获得更多的知识。

（5）我希望建立客户关系。

（6）我充满自信。

（7）我喜欢自己。

（8）我关爱他人。

（9）我喜欢挑战。

（10）我渴望胜利。

（11）我能以积极的心态接受拒绝。

（12）我能够处理细节问题。

（13）我为人忠诚。

（14）我充满热情。

（15）我遵纪守法。

（16）我善于倾听。

（17）我具有良好的感知力。

（18）我擅长沟通。

（19）我工作努力。

（20）我希望经济上无忧无虑。

（21）我坚持不懈。

如果你回答"是"在15个以上，恭喜你，你真的适合从事这个职业；如果你回答"是"在10个以上，加强学习和训练，你就会成为一名优秀的网络营销人员；如果你回答"是"在10个以下，相信我，就算互联网营销能拯救地球、治愈艾滋，你也最好不要去做。

如果你坚定地选择了这个行业，那么积极思考，勇于挑战便是唯一出路。

（1）挑战压力，达成目标

业务目标一年比一年高，市场竞争一年比一年激烈，团队却是一年比一年难带。这三座大山，前两座是任何一个网络营销人员都必须面对的，后一座是你未来成长道路上要面对的。这是我们承受最直接的压力，必须做的是想办法去解决，达成目标或者带领大家达成目标。达成目标是互联网营销人员的天职，没有一点可以退缩的理由！

（2）挑战孤独，静心沉淀

尽管网络改变了空间的距离感，你依然需要经常出差，大多时间独自身在异乡；你还要在营销这个复杂的环境上与陌生的客户打交道，与竞争对手斗智斗勇；你还需要在众人都认为不可能的时候，坚定自己的信念，独自前行。这都需要自己能够沉淀下来，坚持目标，不随波逐流，承受心灵的孤独和寂寞。

（3）挑战英雄情结，团队制胜

在营销手段不断进步的时代，消费环境和市场环境变化多端，专业分工也越来越细致。专业分工是营销发展的必然，靠一己之力单打独斗已难取天下，难取成功，必须加强团队管理，培养团队营销力，才能取得胜利。

同样是猫科动物，我们更希望你成为擅长团队作战的营销"狮"，而不是习惯单打独斗的营销"虎"！

2. 网络营销"狮"的岗位和成长路径

一直以来互联网营销都是电子商务的核心，尤其近两年，随着电子商务的发展，互联网营销的认知度和各大企业对互联网营销重要性的认知程度不断攀升，互联网营销人才的就业呈现大好形势，薪资待遇更是不菲。

互联网营销人才应该是身兼网络技术与市场营销技巧于一身的复合型人才。但是，目前社会上这类人才凤毛麟角。高校没有设置专门的课程，专业人才培养不足，电子商务专业的大学生由于缺乏相应的互联网营销经验，也无法适应岗位需求。现在越来越多的 B2C 企业正为招不到合适的人才而烦恼。无论是京东、卓越还是麦考林，纷纷表示当下招聘与留人的压力比任何时候都大，企业间的相互"挖墙脚"也越发普遍。由此我们也可以看出，电子商务的欣欣向荣催生了互联网营销人才的巨大缺口。

对于准备步入互联网营销行业的人才来说，不管是"老人"还是"新人"，认清自己的位置，给自己的职业生涯规划出一条清晰的发展路线尤其重要。

2012年5月，由电子商务交易技术国家工程实验室牵头，北京中清研信息技术研究院和众多院校及合作企业历时一年，先后调研了国内300多家电商企业，以及1500多个与电子商务相关的岗位，完成《电子商务行业资历架构能力标准体系》的研究并形成独立的知识产权。

我们从中摘录一部分原始数据，看看互联网营销岗位的横向分工和纵向级层的构成，以便清晰地了解互联网营销人员的从业要求和职业规划。

3. 横向岗位分工

关于互联网职位规划，从横向岗位分工来看，有很多岗位方向，如网络广告调研、SEM工程师、网络媒体专员、网站广告经理、搜索引擎优化师、白帽SEO、网站运营人员、SEO网站编辑、网络推手、网站推广、网络品牌推广、博客销售专员、论坛推广、网络事件策划、网络营销顾问、网络营销、网络运营等。

部分岗位分工举例如下：

（1）搜索引擎营销（SEO、SEM）

需要具备能力：

① 了解、熟悉、精通各大传统互联网搜索引擎优化SEO的原理和策略；

② 熟悉软文、博客、论坛、社区等及其他新兴网络推广媒介；

③ 有较强的数据分析能力，能定期对相关数据进行有效分析，并提出改进方案；

④ 提出前台页面和系统架构等网站排名及优化的整体解决方案；

⑤ 精通百度推广账户和谷歌推广账户的管理和优化。

第1章 启程，成长在互联网营销"狮"的路上

就职行业：专业网络服务公司、大中小型行业网站、中小型企业。

成长空间：SEO 主管、运营部主管、网络部主管。

（2）网店客服

需要具备能力：

① 了解、熟悉淘宝等主流网络销售平台；

② 熟悉交易流程及支付工具；

③ 快速的文字录入能力；

④ 消费者洞察能力，能把握客户心理；

⑤ 熟悉电商各种推广工具的使用。

就职行业：贸易公司、各大品牌代理、专业网店。

成长空间：网络销售经理、客服经理。

（3）网络推广专员

需要具备能力：

① 了解各广告平台、搜索引擎、门户网站；

② 灵活的活动策划能力；

③ 能够撰写网站推广方案；

④ 较强的执行能力；

⑤ 敏锐的洞察能力；

⑥ 较强的数据分析能力。

就职行业：专业网络公司、各大中小型企业、行业网站。

成长空间：网络运营经理（总监）、网络部经理、推广经理、站长。

（4）网站策划师

需要具备能力：

① 熟悉互联网行业，熟悉商业网站的运营和收益模式；

② 较强的文字组织能力；

③ 较好的用户体验规划能力；

④ 运营推广能力；

⑤ 灵活的创意能力；

⑥ 活动策划能力。

就职行业：专业网络公司、行业网站、学校、医院等功能性网站。

成长空间：设计总监、运营总监、网络部经理。

4. 纵向规划实例

关于互联网职位规划，从互联网营销专员岗位的纵向发展来看，主要分为专员、主管、总监等级别。举例如下：

（1）互联网营销专员

熟悉各大搜索引擎排名机制，熟悉搜索引擎蜘蛛爬行规律，制定网站SEO优化策略；

负责搜索引擎关键词推广，负责组织论坛、社区、博客、微博等平台的推广工作；

能够根据网站数据分析执行各项优化操作。

（2）互联网营销主管

熟悉各大搜索引擎排名机制及原理，对SEO有独到见解；

根据公司战略发展要求，制定前台页面和系统架构等和搜索引擎排名优化的整体解决方案；

能够对网站数据进行分析优化；

制订互联网营销推广计划。

（3）互联网营销总监

负责各类互联网营销活动、事件、话题的策划、撰稿及统筹工作；

通过网站进行公司品牌形象传播和业务开拓，能有效提高公司品牌知名度和用户量；

负责各类网络媒介的关系维护；

制定部门的互联网营销操作文档,有效推动其他部门配合完成网站 SEO 工作。

"随着电子商务的发展,互联网营销的认知度和各大企业对互联网营销重要性的认知程度不断攀升,互联网营销工程师的就业呈现大好形势,表现出就业岗位众多、新岗位不断出现;岗位晋升速度快、薪资待遇高;易就业,也易创业等三大特点。"

——北京中清研信息技术研究院《电子商务行业资历架构能力标准体系研究报告》

本章重点、难点分析

(1)互联网营销和市场营销的区别与联系。
(2)互联网营销的工作内容。
(3)互联网营销的工作流程。
(4)互联网营销人员的职业规划。
(5)互联网营销人员的职业素养。

本章小结

互联网营销随着互联网的迅速扩张,正在逐渐改变着传统营销的模式。本章主要阐述了互联网营销和传统营销的异同,互联网营销工作内容和工作流程,互联网营销岗位的横向和纵向分工,以便引导初入互联网营销行业的人员明确职业发展规划,培养相应的职业素养,更好地从事互联网营销工作。

本章思考题

（1）互联网营销和传统营销有什么区别与联系？

（2）未来互联网营销横向和纵向岗位可能的变化规律是什么？

（2）互联网营销工作的主要内容是什么？

第 2 章
社会化媒体营销（SMM）的 8 大主流工具

  传统媒体正在被遗弃，社会化媒体已经成为大部分年轻人的必选阵地，尤其是他们的意见领袖和潮流引导者，更是将大部分时间都花在了社会化媒体上。

——柏唯良（Willem Burgers），北欧国际管理学院院长将产品或者服务信息传递给顾客，这是市场营销的核心工作。在过去，每当提起如何向顾客传递信息这一问题的时候，人们首先想起的是通过电视、广播、报纸、杂志、户外广告等媒体去传播；但如今，一种新的媒体形式正在崛起，而且影响越来越大。不管是国外的 Facebook 和 Twitter，还是国内的专业论坛或微博、微信、QQ 都极大地改变了人们的生活，将我们带入了一个社会化媒体的时代。在社会化媒体时代迅速来临之际，我们营销人必须学会面对社会化媒体给营销带来的深刻变革，理解、掌握并完全学会驾驭这一崭新的媒体来为营销服务。

社会化媒体营销（Social Media Marketing，简称 SMM）就是利用社会化网络，如在线社区、博客、微博、微信、百科或者其他互联网协作平台和媒体来传播和发布资讯，从而形成营销、销售、公共关系处理和客户关系服务维护及开拓的一种方式。一般社会化媒体营销工具包括论坛、微博、微信、博客、即时通信工具、社区、图片和视频等，通过自媒体平台或者组织媒体平台进行发布和传播。

网络营销中的社会化媒体主要是指具有网络性质的综合站点，其主要特点是网站内容大多由用户自愿提供（UGC），而用户与站点不存在直接的雇佣关系。

第 1 节 电话营销终结者——IM 营销

1. IM 营销是什么

有一种工具正在逐渐替代电话，他拥有和电话一样的及时性。这种工具有很多种类，我们常用的 QQ、旺旺就是。他们有一个统一的名字叫即时通信（Instant Messaging，简称 IM）工具，IM 营销就是企业通过即时通信工具来帮助企业推广产品和品牌。常见以下两种情况：

（1）网络在线交流。网店或企业网站一般会安排即时通信在线，这样客户或潜在客户如果对产品或者服务感兴趣，就可以主动和在线的商家取得联系。

（2）广告、推广。企业可以通过IM营销通信工具，比如QQ、旺旺等，发布一些产品信息、促销信息、一些用户喜闻乐见的图片，同时加上企业要宣传的内容。

2. 常见的IM工具

根据即时通信属性的不同，可以将IM即时通信工具分为以下几个类别：

（1）个人IM

常见的如QQ、微信、MSN、雅虎通、网易POPO、新浪UC、百度HI、移动飞信等。个人IM主要使用者为个人用户，具有非盈利性，通常以聊天、交友、娱乐为目的使用及时通信软件。

（2）商务IM

以阿里旺旺贸易通、阿里旺旺淘宝版为代表。商务IM是为商用设计的，以帮助企业、个人实现买卖为目的，外企也可以利用它方便地实现跨地域交流。商务IM主要作用是为了便于商务联系或寻找客户资源，从而以低成本实现商务交流或工作交流。

（3）企业IM

企业IM一般有两种，一种是以企业内部办公用途为主，旨在建立员工交流平台；另一种是以即时通信为基础，系统整合各种实用功能，如企业通等。

（4）行业IM

行业IM服务于特定行业或领域，比如最初游戏界使用的YY，盛大圈圈等。它们不被大众所知，主要在圈内盛行。行业IM也包括行业网站所推出的IM软件，如化工类网站推出的IM软件等。行业软件主要依赖与单位购买或定制软件。

3. IM工具的特点

及时传递信息，高效、快速地传递信息，是IM工具最基本的特征。正因为这些特点，IM 工具无论在品牌推广还是常规广告活动中，都能发挥作用，取得巨大的营销效果。IM 工具的特点主要有：

（1）在线咨询，及时解决问题，提高交易的可能性。

（2）充当最优接触点和综合营销平台的角色。

（3）病毒式营销的强力助推器。

4. IM 营销的优势

IM 营销的优势具体表现如下：

（1）互动性强、营销效率高、传播范围大——互动性是 IM 营销最重要的一点。

（2）精准度高、灵活性大——可实现精准营销。

（3）成本底、回报速度快——只是营销人员的人工成本。

（4）不受地域限制、覆盖面广——大幅度降低营销成本。

5. QQ 营销

QQ 上到底有多少人？按照腾讯公司的报告，2015 年第一季度，QQ 月活跃账户数 MAU（Month Active Users）高达 8.32 亿，QQ 智能终端月活跃账户达到 6.03 亿，比去年同期增长 23%。

市场由人群构成，做网络推广，目的是为网站带来流量。因此网络上的人集中在哪里，流量集中便在哪里，我们就应该在哪里推广。

（1）QQ 营销的特点

① 精准、有针对性。不是所有 QQ 用户都值得添加，"物以类聚，人以群分"，QQ 群更值得关注。我们在添加 QQ 群时，需要搜索特定的关键字。比如我们的客户主要是大学生，那么班级群就是我们首要搜索的目标，群成员就是我们的目标客户。

② 简单、易于操作。QQ 营销不需要我们去学习什么新技术，一般年轻人

都会操作。

③ 低成本。QQ 营销不像 SEM 那么花钱，基本上就是人工成本，不需要投入太多资金。

④ 适用范围广。几乎所有产品和服务都可以通过 QQ 进行销售。

（2）QQ 信息的设置技巧

在开始 QQ 营销前，注意以下几个问题。

① QQ 昵称。如果你使用真实姓名，更容易让人产生信任感；如果你不想用真实姓名，尽量起一个像真名的昵称。如果你使用想表现主营业务或者主营产品的用户名，也是可以的，因为人们已经接受 QQ 作为商务工具而存在，但你还是必须要加上自己的名字。比如"工程硕士培养—张大千"。

② QQ 头像。在商用的情况下，尽量使用真实的个人照片，让人记住你并产生信任感；可用企业 LOGO 或产品 LOGO 来加深用户的品牌印象，传递营销信息；不要使用让人可能产生反感的头像。

③ 个人资料。你的资料越丰富、越真实，越能够增加用户的信任感，销售首先推销的是你个人；不要有幼稚元素。

（3）QQ 营销"三板斧"

第一板斧：查找 QQ 群，精准推送。

① 操作策略

第一种，精准群发。根据群关键字，在符合要求的 QQ 群中群发布广告。本招适用于推广针对特定用户的产品。

第二种，广泛群发。加入各种 QQ 群，广泛群发广告，群越多越好，一个普通号码最多可以加入 500 个群（每添加一个好友就少一个群），会员 VIP4 以上最多可以加入 1000 个群（每添加一个好友就少一个群）。这一策略的核心是覆盖面越大越好。适用于推广一般人都会使用的大众消费品。

② 操作步骤

加入 QQ 群——获得良好排名——建立感情——发广告。

Step1，加入 QQ 群

利用 QQ "查找群"功能，搜索和你的营销产品或服务相关的关键词，例如，你卖汽车配件，那就加入车友会群，这是精确目标人群集中的 QQ 群；在相关网站查找 QQ 群，在一些相关的论坛和网站上都会留有 QQ 群，例如车友会的 QQ 群就经常出现在汽车论坛上；利用百度搜索 QQ 群；尽可能加入一些活跃度高、人数多的 QQ 群；必要的时候，利用加 QQ 群软件加群，常见的如极光 QQ 营销软件等。

Step2，获得良好排名

争取排在 QQ 好友列表和 QQ 群的最前面，以提升曝光率，增加推广效果。需要牢记的规则是 QQ 排名的优先级规则：QQ 昵称前加"空格"＜QQ 会员＜管理员＜群主＜"Q 我吧"状态（消息会自动弹出）。

Step3，建立感情

千万不要一进群就发广告，否则可能立马就会被管理员"踢"出群；多交流、多互动；尽量搞定意见领袖，主要是群主、管理员；提前准备好一些聊天素材。

Step4，发广告

这是最关键的一步，发广告的策略通常有：

- 要有赠品策略或促销策略，才会不招人反感，同时适当配图。
- 在聊天中巧妙植入广告。
- 可以用小号引话题，大号推产品。

发广告的形式：

- 文字广告：在多个群发布文字广告，每次要添加不同的空格，以防被腾讯"踢"下线。
- 图片广告：制作多个尺寸、格式不同的图片，以防被屏蔽。
- 使用 QQ 群发软件：如豪迪、极光等。
- 购买 QQ 群发服务：如猪八戒网等发布任务。

● 利用QQ群邮件：邮件送达率高，表现力强。其实当你进入一个QQ群，就相当于拥有向所有用户发送邮件的可能。制作一封有营销力的邮件，这是一个单页面，具体可参考本书第6章第6节着陆页策划，千万不要浪费这次机会。注意一定要按照本章下一节要求的EDM规范设计邮件。在发布前要提前测试，方法是给你自己发一封邮件，在不同的电脑、浏览器上审查邮件的效果，以防显示在用户邮箱里的内容出现问题，影响用户体验。

图2-1 如何发群邮件

第二板斧：自建QQ群，引导用户

① 操作策略

自建QQ群，吸引潜在客户加入，慢慢引导。这个策略虽然慢，但客户都是你的。

② 操作步骤

自建QQ群——导入潜在用户——树立权威——植入广告。

Step1，自建QQ群

多建规模大的群，参考QQ建群相关资料。群名称和群简介要主题明确，最好包含关键词，增强相关性。

注意男女比例要适当。如果有表现欲望强、有责任心、能带动气氛的用户，直接聘为管理员。一个气氛活跃的群才能留住客户，在这里，管理员很重要。

Step2，如何导入潜在用户

常用方法有：从同类 QQ 群拉人，建讨论组。通过一切宣传手段，如自己的企业网站、网上商城、微信、博客、微博、论坛等进行宣传；通过软文宣传；通过论坛签名等。

Step3，引导用户，树立用户的忠诚度和自身的权威性

你需要提供一些有价值的资源。在这里，你可以参考一些商家组织的"单车群"。他们一般免费帮助群成员解决问题；组织有意思的线下活动；与群成员积极互动，与同类爱好者积极交流；多发一些幽默的图片或笑话活跃气氛。

Step4，植入广告

在聊天中直接推荐自身产品；通过群邮件推荐自身产品。

第三板斧：放水养鱼，多次购买

① 操作策略

通过 QQ、旺旺等 IM 工具聚集客户资源。尽量不要打电话，因为打电话反而会令客户反感。对已有客户进行维护，提升客户的忠诚度，促进客户的多次购买。此策略适用于能多次购买的产品或服务。例如，一个妈妈群就可能反复多次购买奶粉。

② 操作步骤

建立 QQ——吸引客户加为好友——维护客户关系——引导客户多次购买。

Step1，建立 QQ

同时建立个人 QQ 和营销 QQ，组合使用。营销 QQ 类似于个人 QQ，主要有两个作用：一是在线客服，二是营销平台。

营销 QQ 特点：

- 24 小时在线，只要客户访问网站，营销 QQ 就会弹出对话框，跟客户对话，同时能够把客户的个人 QQ 号码记录下来；
- 多人管理，可以设置多位客服同时在线；

- 海量好友，一个营销QQ，可以加10万个好友；
- 群发消息，可以同时针对所有好友或部分好友群发消息。

个人QQ特点：

- 沟通更加人性化、感情化；
- 更新签名和空间信息，使好友能够看到；
- 可以使用送礼物、送贺卡等功能加强与好友的沟通频率。

Step2，吸引客户加为好友

营销QQ每天加好友上限数量是10000。当用户通过网站上的营销QQ图标时，点击咨询时，主动添加。可以在后台进行设置，客户首次来访，自动发送添加好友的请求。用户通过QQ"找企业"功能，找到我们的QQ，所以要设置好QQ的资料，方便客户找到我们。批量导入个人QQ中的好友（需要客户验证）。

Step3，维护客户关系

建立客户数据库。按照一定的属性对客户进行分组；为每个客户设置一些标签，来展现客户的特点；为每个客户添加备注信息，例如客户的购买次数、客户的个性化需求、消费能力等。

客户关怀。常与客户联系，用心关怀客户，定期回访老客户；时常对客户更新的签名、文章和相册进行评论，表明你的关注；逢年过节送QQ礼物、发电子贺卡和祝福邮件等。

提供有价值的信息。比如选购技巧、真假鉴别等。

Step4，引导客户多次购买

利用营销QQ向全部好友或者每个分组的好友群发产品信息或促销信息。当然，在营销QQ中需要花钱，费用为2~4分不等，需要审核，切勿频繁群发。

第 2 节　不老的传奇——E-mail 营销

E-mail 营销似乎是一个非常古老的词汇，它的起源还得追溯到 1994 年 4 月 12 日，一对从事移民业务的夫妇坎特和西格尔，把一封"绿卡抽奖"的广告信发到他们可以发现的 6500 个新闻组，在当时引起疯狂下载与转发。20 年后，E-mail 营销依然在用，特别是在外贸活动中，依然是主流的营销工具。

电子邮件营销（E-mail Direct Marketing），也叫 EDM 营销、电子邮件营销。它是在用户事先许可的前提下，通过电子邮件的方式向目标用户传递有价值信息的一种网络营销手段。E-mail 营销有三个基本因素：基于用户许可、通过电子邮件传递信息、信息对用户是有价值的，三个因素缺一不可。

这是 EDM 和 Spam 的严格区别，垃圾邮件（Spam）指的是未经授权、人们不想看见的邮件。垃圾邮件不仅对企业的邮件服务器造成威胁，同样会对个人电脑的系统安全构成威胁。垃圾邮件会堵塞企业的邮件服务器，在服务器的磁盘上写入数千兆字节的无用信件；垃圾邮件也可能携带着病毒程序，在用户读取邮件的同时，把病毒植入系统。

因此，真正意义上的 E-mail 营销其实是许可 E-mail 营销（简称"许可营销"）。许可营销比传统的推广方式或未经许可的 E-mail 营销具有明显的优势，比如可以减少广告对用户的滋扰、增加潜在客户定位的准确度、增强与客户的关系、提高品牌忠诚度等。

信用卡的邮件就是典型的 EDM，这封每月定时发来的邮件，让你心痛但又必不可少。对 EDM 来说，有一个关键问题就是电子邮件地址怎么来？为此，我们可以将 EDM 分为内部列表 E-mail 营销和外部列表 E-mail 营销。内部列表也就是以通常所说的邮件列表，是利用网站的注册用户资料开展 E-mail 营销的方式，常见的形式如新闻邮件、会员通信、电子刊物等。外部列表 E-mail 营销则是利用专业服务商的用户电子邮件地址来开展 E-mail 营销，也就是以电子邮件广告的形式向服务商的用户发送信息。

1. 如何正确地进行许可 E-mail 营销

E-mail 营销有多种模式，其中许可 E-mail 营销的有效性已经被实践所证实。正确进行"许可 E-mail 营销"，有助于在实际营销活动中发挥正面的营销效果，并避免陷入垃圾邮件的误区。

（1）整理与分组。仔细研究已有客户信息，分类整理客户 E-mail 资料，按照其具体消费习惯，分组制定个性化的信息，定期沟通联系。

（2）利用任何场合收集电子邮件地址。每个电子邮件地址背后都是一个潜在用户，都可能潜藏着商机，所以，必须使用各种可以取得电子邮件地址的方法。例如有些零售商会以打折优惠作为交换客户电子邮件地址的条件。当邮箱地址到手后，进行第一步的整理与分组，对无法分组的用户，发送特制信息，保持沟通。

（3）擅用定期寄信的方式。学习信用卡邮件，定期寄信给客户保持联络，然后借机促销，例如最新活动通知、新货信息等。可以采用《内部期刊》《信息简报》等形式。

（4）让客户做主。和客户充分沟通，由客户确定收信的频率与信件的类型。

（5）客户关怀。类似客户生日或结婚周年、公司庆祝会等，发送祝贺 E-mail。也可以巧妙地附带隐含促销信息，不过这种情况下行文要谨慎，以防适得其反。

（6）奖励优秀客户。好客户值得特殊的礼遇，例如可以赠送礼物，或者让他们享有提早打折的优惠等。

2. 许可 E-mail 营销要遵循的 9 个基本原则

（1）内容要有价值。客户时间宝贵，提供有价值的内容，充分吸引客户的兴趣；同时信件要言简意赅，因为人们看 E-mail 的时候多是走马观花，所以，长篇大论会使客户放弃阅读你的 E-mail。在发送前一定要仔细检查 E-mail 内容，确保语句通顺，没有错别字。

（2）及时回复。在收到用户 E-mail 的时候，要养成顺手回复的习惯，即使是"谢谢，来信已经收到"也会起到良好的沟通效果。通常 E-mail 应该在一个工作日之内回复客户，如果碰到比较复杂的问题，需要一段时间后才能准确答复客户，也要先简单回复一下，说明情况。实在没有时间回复，可以采用自动回复 E-mail 的方式。

（3）不要变成垃圾邮件。若采用群发的形式向大量陌生 E-mail 地址投递广告，不但收效甚微，而且会被视为垃圾邮件，损害公司形象。因此一定要避免无目标投递。

（4）让客户做主。由客户做主收信的频率与信件的类型。尊重客户，不要向同一个 E-mail 地址发送多封同样内容的信件，当对方直接或者间接地拒绝接收 E-mail 的时候，绝对不可以再向对方发送广告信件。

（5）附上电话号码。信件一定要有签名并附上电话号码，以免消费者需要找人咨询时，不知如何联络。

（6）能用正文，就不用附件。邮件内容能在正文里面显示，就不采用附件形式。

（7）尊重隐私权。在征得客户首肯前，不得转发或出售发信人名单与客户背景。

（8）避免撞车。在促销活动中，宣传渠道包括媒体、电子邮件、传统 DM、电话等，务必要事先协调，以免同一个客户重复收到相同内容的促销信。

（9）坦承错误。若未能立即回复客户的询问或寄错信件，要主动坦承错误并致歉。不能以没有收到 E-mail 做借口，弄巧成拙，不但无法吸引客户上门，反而会把客户拒之门外。

3. 撰写 E-mail 的一些技巧

撰写 E-mail 包括两方面：文本和签名。

第2章 社会化媒体营销（SMM）的8大主流工具

（1）撰写 E-mail 文本

① 纯文本格式最保险。由于大家使用的电子邮件程序不一样，如果你使用的 E-mail 程序是基于浏览器的，HTML 格式邮件在其他的 E-mail 程序里看起来很难看。所以，应尽量以纯文本格式发送 E-mail，同时文本应该简练，没有文字错误。

② 保持行长度。注意 60~70 个字符应该是每行的最大长度。每行文字应不超过这个长度，否则用户就得从左到右翻页来阅读你的文章。

③ 多用礼貌用语，比如"您""请""谢谢""顺颂""商祺"等字样，有礼貌会让用户感觉到被尊重，使邮件达到很好的效果。

④ 注意过滤词。群发邮件时，一定要注意邮件主题和邮件内容的字词书写，很多网站的邮件服务器为过滤垃圾邮件设置了常用垃圾字词过滤，常见的有容易引发垃圾邮件过滤器的明显字汇或词语，如现金、金钱、取得学位等；不明显的垃圾邮件过滤器词汇、文字，如填写问卷调查、大特卖等；符号、紧急诉求，以及其他，如滥用符号、全部大写、激进急迫用语等；太兴奋激动的用语、全部大写或两者皆有，如清仓大特卖、老板要跳楼等。在书写邮件主题和内容时应尽量避开你心目中认为的有垃圾邮件嫌疑的文字和词语，才能顺利群发邮件。

（2）设置 E-mail 签名

"人们很容易忘记，继邮件主题和正文后，还有一个可脱颖而出的地方"，Cassera Communications 公司的个人品牌专家梅丽莎·卡萨拉（Melissa Cassera）说，"我将邮件签名看作展现才智和取悦他人的机会。"

E-mail 签名就像常规信笺的信头一样，可以明确发函人的身份、联系方式等。它也是一种重要的品牌营销资源，设计精巧的签名文件，会给收函人留下良好的印象。

① 签名保持在 5 行以内。一般包括：联系人、部门、公司名称、联系方式、一句话广告语等。内容太多、太长，容易影响邮件正文的表达。不要放置过多的公司广告信息，否则会适得其反。

② 设计不同的签名。依据你的具体客户和产品、服务制定不同版本的签名，不同的邮件发送对象可以使用不同的签名，灵活使用。

③ 签名邮件居左。其原因在于字符大小在不同机器上的显示不一样，如果居中或者居右，整齐的排版就会变得凌乱。

④ 签名和正文之间空三行。签名文件与邮件正文之间的距离不要太大，只需将二者的信息区分开来就行了，比较常见的是空三行。签名和正文之间要有一条分界线，不然别人会误以为你的签名是邮件正文的一部分。

⑤ 不要使用"＜＞"或"＄"等符号。使用这类符号肯定会被反垃圾邮件软件过滤掉，就算侥幸逃脱，也会被联想为打着"快速致富"招牌行骗的"营销"者，这类符号几乎是他们的身份标志。

⑥ 测试签名。最简单的方法是给你自己发一封邮件，在不同的浏览器、邮件软件、常见的几种不同分辨率的屏幕上看签名文件的效果：检查整体的显示效果如何？是否超出邮件窗口的宽度？是否有折行？文件中的链接是否正确等？创建或更改签名文件后，都必须测试一次。

第3节 灌水高手——论坛营销

企业采用文字、图片、视频等方式，在选择后的论坛上发布有关企业产品或服务的信息，以便让目标客户更加深刻地了解企业，从而达到加深市场对企业的认知度和宣传企业品牌的目的，这一系列互联网营销活动就是典型的论坛营销。

和 QQ 营销、EDM 营销这两种直接带来订单的营销相比，论坛营销的效果不是十分明显，但其所耗费的人力物力却不少，部分企业一直有这样的观点。充其原因，在于我们必须明白论坛营销的核心作用——论坛营销的主要功能不是销售商品，而是宣传、引流、曝光！

论坛营销的作用首先是产品的宣传，这是因为论坛用户活跃度较高，圈子性较强，话题参与度较好；其次，辅助企业 SEO 外链建设，因为高权重、高流量、高活跃度的论坛更利于搜索引擎收录，提高网站排名；最后，论坛常常用于提高品牌曝光度和知名度。论坛是炒作的好地方，决定炒作是否成功的关键在于目标用户集中度和目标用户参与度，论坛正具有这两方面的优势。

正因为如此，当我们再进行网络营销的时候，如果涉及产品广告宣传、SEO 外链建设、提升品牌曝光度和知名度等，就需要启动论坛营销工作，策划相关软文，然后在目标用户集中的高流量、高权重论坛发布，同时配合互动来完成论坛营销。

仅以投入产出比来考虑问题是企业的短视行为，我们在后面提及的每种社会化媒体工具，都有不同的特点、作用、方法及相应的实施策略。如何组合使用每种工具，充分发挥每种工具的优势，以产生整合营销的效果，是互联网营销人员必须仔细考虑的问题。

1. 论坛营销的特点

（1）论坛是人的聚集地，例如天涯社区注册用户数达 8500 万（2013 年）。利用论坛的超高人气，可以有效地为企业提供营销传播服务。

（2）论坛是同类需求人的聚集地，如果你的产品或者服务刚好是满足这类需求的，那么这里的用户就是你潜在的客户。

（3）可信度高。论坛一般不允许发广告，所以企业一般是以自己的身份或者伪身份发布信息，这更需要企业站在相对中立的角度谈问题，所以对于用户来说，其发布的信息要比单纯的网络广告更加可信。

（4）用户转化率高。对大多数专业论坛来说，用户不会漫无目的地闲逛。比如某品牌手机或者某品牌汽车的论坛，用户上来一定是为了搜索某种信息，比如来看其他用户的口碑，搜索某个问题的解决方案。这部分带着需求而来的用户是最精准的用户。论坛中的信息如果解决了他们的疑问，他们就会迅速转换为消费者。

（5）外部流量。运用搜索引擎内容编辑技术，可以使帖子迅速被主流搜索引擎收录，为企业网站带来流量。

（6）论坛具有强大的聚众能力，可利用论坛作为平台举办各类活动，甚至进行事件炒作。通过开展网民感兴趣的活动，将企业品牌、产品、活动内容等植入传播内容，通过引发新闻事件，产生传播的连锁反应。

（7）论坛营销成本低，见效快。论坛营销更多的是靠网络营销人员对话题的把握能力与创意能力，而不是资金的投入。

2. 论坛营销的步骤

（1）收集、分类、整理论坛。通过搜索等方式收集论坛，对所收集的论坛进行分类整理，如分为娱乐、专业、地区、女性、财经、综合等，对论坛的属性进行标注，如人气、严肃程度、是否支持可链接 URL 等。挑选出适合企业开展网络营销活动的论坛。

（2）账号注册。首先，要让账号可信，例如账号资料必须填写完整，必须上传头像，并且用户名必须使用中文，这样可以使账号更加正式，增强账号的可信度；其次，账号要便于管理，我们可以注册统一的中文 ID，以提高后续发帖效率；最后，还需要注册部分"马甲"。马甲的作用是顶帖、制造气氛。这是保证主题置顶或者炒作的前期条件。通常如果是强势品牌炒作，可能仅需要少量马甲即可引起用户自发讨论，如果不是强势品牌，就需要更多的马甲，更多的人力投入。

（3）软文发布。将事先撰写好的软文发布到论坛相应的版块，软文不应随便在什么论坛都发布，而是必须要找准论坛，找准版块，分析版块内容及气氛。每个版块都有自己的主题，我们需要保证软文内容和版块主题的一致性，必要时可调整文章标题或内容，使软文最大限度贴近论坛主题，以防止主题与版面内容偏差太大导致被管理员删帖。

（4）跟踪回访。工作主要有两个，一是发帖整理。将发帖的主题 URL 整理成文档存放，以便维护和进行第六步的效果评估；二是定期回访。回访主要是检查帖子是否被删除，是否被加精、撤精、提升、置顶、取消置顶、掩埋等；是否有人回复、提问、质疑？如果有，需要及时回复用户的疑问；是否沉底了，回访时候顺便进行顶帖。

（5）账号维护。符合企业产品或服务展示的热门论坛，是企业必须耐心经营的宣传平台，值得企业重点关注。在这些论坛上，需要培养高级账号，高级账号是网络社区的舆论领袖，更能和论坛成员建立良好的互动关系，其具有的知名度、美誉度、权威性使该账号发布的主题更具说服力。

（6）效果评估。一般需要评估如下数据：发布论坛数、发布主题数、删帖率、帖子浏览量、回复量、帖子被加精、置顶数等。

3. 论坛文案的形式

用户关心的是内容，只有好的内容，用户才会去阅读。所以，一个独具创意的网络文案是论坛营销的核心，也是网络营销人员功底的全面体现。

写作论坛文案时候，首先，需要明确目的，是推销产品、宣传品牌还是引流，不同目的的文案写法完全不同。其次，达到目的论坛文案不需要多华丽，最重要的是要讲出真实感受，语言描述清楚，图片需要用心拍摄挑选，但不需要特别商业化，接近生活即可。最后，有好的标题就成功了一半。有好标题，用户才可能点击，才有可能浏览文章。

几种最常见的论坛营销文案的写作形式如下：

（1）事件式

一是制造一个事件，二是利用一个事件，如用社会热点和网络热点来吸引眼球，从而赚取高点击率和转载率。前者操作难度大，后者属于借力打力，较为常用。

（2）亲历式

以亲历者的身份讲述自己亲身经历或者亲眼所见的真实生活故事和体验效果的文章。以亲身经历和眼见为实来提高可信度。亲历式文章有明显的广告痕迹，但对于需要此信息的用户来说，他们肯定会浏览的。

(3) 解密式

以专业的态度站在较为中立的立场上，对产品进行客观解剖分析或者传达个人独特的见解，以便让用户从多个角度认识以往接触的信息。解密式文章的核心是帮助人们获取有用的信息，让人有信服感。有需求的用户也会点击这些宣传痕迹明显的网页，获取更多信息。

(4) 求助式

无孔不入的植入广告，一般都隐藏在这种似乎在阐述事情经过、直接提出问题、寻求大家帮助的帖子之中。

(5) 分享式

针对女性用户的商品经常采用分享形式，因为女性人群比较喜欢从别人的分享中获得更多信息。这种方法以快乐分享为主旨，分享体验效果。虽然内行人一眼便能看出是广告，但这种信息总比没有分享经验的信息靠谱，能够给用户一定的信息价值。如果文案写得好，会使更多人产生一种想尝试的心理。

(6) 幽默式

以轻松、搞笑、有趣的方式表达，能够引发网友会心一笑。

4. 论坛营销的常见技巧

(1) 论坛要适合产品

论坛是具有同样主题兴趣用户的聚集地，选择适合自己产品或服务的论坛，即潜在用户较多的论坛。当然，以下问题也要纳入考虑：是否人气旺、是否有签名功能、是否能添加链接等。

(2) 标题党

标题一定要吸引眼球，有一定的号召性，能吸引读者。标题是敲门砖，要有一定的特别含义或歧义，或者说暧昧含义，让读者产生疑惑而进一步想得到答案。

（3）内容有价值或者有争议

内容一定要具有一定的价值，追寻信息的人自然会涌过来。

如果提供不了多少价值，那就尽量能引起争议，让网友看了之后觉得有话要说才行。这样论坛热闹了，传播效果就出去了。

论坛营销现阶段已经很热，很多网友也深知论坛营销的目的，但仍乐此不疲。

（4）跟帖推广告

一上来就在帖子里发广告，肯定马上被删！我们可以用长帖短发的形式在跟帖里推广自己的产品。

（5）热帖搬运工

如果自己创造不出高回复的热帖，那就去找回复率高的热帖，转载到目标论坛。当然，不要忘记在最后加上自己的签名进行宣传，或加上自己的广告内容进行推送。

（6）营造参与感

要积极参与回复，鼓励其他网友回复，也可以用自己的"马甲"回复。网友的参与是论坛营销的关键环节，如果策划成功，网友的参与度会大大提升。通常企业在论坛做活动营销居多，可利用一些公司产品或礼品赠送的方式激励网友参与。

（7）引导讨论

要正确地引导网友的回帖，不要让事件朝相反方向发展。具体情况具体分析，有时在论坛产生争论也未必是件坏事，特别是不知名企业，如果能通过论坛途径演变成大范围病毒式营销，知名度会有很大提升。

（8）用好头像和签名

头像可以宣传自己的品牌，签名可以加上自己的链接。即使帖子不是你发的，但你的回复让大家觉得有价值，尽管你的回复没有任何广告植入，但是凡是看回复的网友对你的头像和签名都会有一定的印象，甚至有需要的人会直接点击进入链接。

(9) 组织很重要

要在选定的论坛注册账号，在重点论坛要有10个以上的账号。为了帖子的气氛和人气，你可以适当顶一把。要组织有专门人员管理账号、发布帖子，及时回帖等。企业要仔细监测其带来的效果，同时注意改进，及时和论坛管理员以及版主沟通交流，有助于论坛营销的开展。

(10) 仔细监测效果

监测效果的目的是为了改进。每次营销总结的经验教训，都是下次策划进步的借鉴；效果评估就是一个细致的数据分析和用户群体分析过程，不同领域用户的群体习惯不同，方式方法就不同。

第4节 博主的野望——博客营销

博客（Weblog），这个新的单词最初由web和blog两个单词组成，如果按照字面意思，Weblog就是网络日记。2002年，毕业于清华的方兴东在遭遇"封口事件"后，他仔细研究了美国的blogger网站，决定将这种记录形式移植到中国，经过一系列工作后，在开往马甸桥的出租车上，他选择了最接近音译的"博客"，也便有了我们今天所使用的博客。

博客营销简单来说就是利用博客这种网络应用形式开展互联网营销。博客分个人博客和企业博客两种。个人博客营销是一种基于个人知识资源，包括思想、体验等表现形式的网络信息传递形式；企业博客更具有明确的企业营销目的。但是，无论哪种博客，开展博客营销的基础问题都是对某个领域知识的掌握、学习和有效利用，并通过对知识的传播达到营销信息传递的目的。

现在，企业或者个人利用博客这种网络交互性平台发布、更新企业或个人的相关情况及信息，密切关注并及时回复博客上客户的相关疑问以及咨询，博客文章被搜索引擎收录，零成本获得较前的排位，这都是博客营销要做的事。

第 2 章　社会化媒体营销（SMM）的 8 大主流工具

目前比较知名的博客有新浪博客、网易博客、搜狐博客、和讯博客、中金博客、博客大巴、企博网、益博网、天涯博客等。

1. 博客的特点

（1）传播工具。博客是一种可以在互联网上进行知识传播的工具。

（2）内容灵活。与企业网站相比，博客文章的内容、题材和发布方式无须太正规，可更为灵活。

（3）零费用。与在门户网站发布网络广告和新闻相比，博客发布推广内容费用几乎为零，而且宣传内容更自由，无须审核。

（4）非商业性。与供求信息平台的信息发布方式相比，博客不是赤裸裸的商业广告。博客往往用"中立"的观点来对自己的企业和产品进行推广。博客可承载的信息量大、表现形式灵活，是重要的知识传播平台。

（5）正式。与论坛营销的信息发布方式相比，由于博客需要认证为个人或者企业，不是匿名的"马甲"，其文章显得更正式，可信度更高。

2. 博客营销的定位

（1）目的定位

我们这里谈的博客，是为了营销目的而开设的博客。我们要明确做博客营销的最终目的是提升品牌形象，增加产品曝光度，为 SEO 带来流量，还是为了提供有价值的信息引导销售。

（2）用户定位

定位目标读者是谁？是潜在客户、企业用户还是普通读者。

（3）内容定位

首先，应该考虑宽度与深度两个问题。博客是个知识的传播平台，宽度就是指内容的涵盖范围，深度就是指博客的专业程度。

其次，必须要定位博客的内容，是大杂烩型，还是在某一领域的专业型。前者内容多、受众多、人气旺,但转化率不高;后者特点是受众人群少,但是转化率高,吸引的都是潜在的客户人群。专业型博客需要博主具有丰富的专业知识,文章内容具有较高可信度,这样才能吸引潜在的客户人群,转化为实际的销售。

(4) 博主定位

即博主身份的定位。是注册企业博客还是个人博客,这需要根据前三点来确定。在满足前三点要求的情况下,定位于纯个人的身份,还是一个企业的专家身份,或者是定位于两者之间,这是需要网络营销人员仔细斟酌的问题。

3. 博客营销的操作步骤

(1) 博客定位。

(2) 选择博客平台。选择访问量比较大、知名度较高的博客平台。

(3) 内容规划。对顾客真正有价值的真实、可靠的内容才是好内容。

(4) 装修博客。设计博客的版面布局、各版块的位置。

(5) 推广博客。包括文章内容的搜索引擎优化写法、建立内部链接和外部链接的工作、博客平台推广等。

(6) 互动沟通机制。回复留言人员、采用激励性的措施,如发起活动和提供奖品等来刺激用户的参与和留言。

(7) 博客数据分析。根据发现的问题不断完善博客营销计划。

4. 案例:葡萄酒的星火燎原战略

Stormhoek,是英国一家小葡萄酒厂,其产品是"freshness matters"牌葡萄酒。这是家小企业,没多少钱,因而也没有在英国投放任何广告。但Stormhoek对Blog很倚重,其网站就是一个Blog。他们想尝试一种新的营销方式,看与博客们的互动会怎样影响公司内部的交流、公司的文化,进而影响公司的销售。

他们做了一个小试验:

去年,他们给博客们送出了大约100瓶葡萄酒。

第 2 章　社会化媒体营销（SMM）的 8 大主流工具

只要博客满足以下两个条件就可以收到一瓶免费的葡萄酒：

1. 住在英国、爱尔兰或法国，此前至少三个月内一直写博。读者多少不限，可以少到 3 个，只要是真正的博客。

2. 已达到法定饮酒年龄

收到葡萄酒并不意味着你有写博客的义务——你可以写，也可以不写；可以说好话，也可以说坏话。

试验结果：

据 Stormhoek 自称，在 6 月的时候，用 google 搜索这家公司只有 500 条，而 9 月 8 号达到 20000 条。而在这两个月中，他们自己估计有 30 万人通过 Blog 开始知道这家公司。

这项活动产生的滞后效应还很难具体估量，但 Stormhoek 发现，在过去不到一年的时间里，他们的葡萄酒销量翻倍了，达到了"上万箱"的规模。

(本文原载：京华时报　作者：古晓宇)

第 5 节　网络硬广告——网络广告营销

网络广告可以说是最早让人们了解的互联网营销工具。1997 年 3 月，Intel 和 IBM 公司以 3000 美元的代价，在 Chinabyte 网站上投放了一个动画旗帜广告，开创了国内最早在互联网上投放广告的先例。此后，网络广告逐渐进入人们的视野，网络广告行业经过数次洗礼已经慢慢走向成熟。

和传统媒体（报纸、杂志、电视、广播、户外）上的广告相同，网络广告也是付费的广告，区别仅在于其发布载体是网络。网络广告是一种利用网站上的广告横幅、文本链接、多媒体等方法，在互联网上刊登或发布广告，通过网络传递到互联网用户的一种高科技广告运作方式。

1. 网络广告的特点

（1）覆盖面广

网络广告冲破了时间和空间的限制，24小时不间断地将信息传播到世界各地。它的对象是与互联网连接的所有人，其世界性广告覆盖范围是其他广告媒介望尘莫及的。

（2）形式多样

网络广告可采用多媒体广告，综合运用文字、声音、图像等丰富的表现手段，具有报纸、电视广告的各种优点，感官性强，更加吸引受众。网络广告制作成本低、时效长，使越来越多的企业选择网络广告作为重要国际广告媒介之一。

（3）信息量大

报纸广告的信息量受到版面篇幅限制，电视广告的信息量受到频道播出时间、播出长度和播出费用的限制，但网络广告却不受这些限制，因为网络服务器可以容纳海量的内容和信息，它的广告信息面之广、量之大是报纸、电视无法比拟的。

（4）高效传播

报纸广告、电视传媒基本是一对多的传播方式，而互联网上的广告则可以实现一对一投放以及一对一的信息反馈，其投放更具有针对性，直接命中目标受众，并可以针对不同的受众推送不同的广告内容。其传播的有效性更强。

（5）便于统计

能进行完善地统计，精确地分析；利用先进的信息技术，广告客户可以通过网络即时获得数据和报告，这对及时调整广告策略意义重大。而这在传统媒体中是不可能实现的。

（6）互动性强

互动性是网络广告的最大特点，网络广告不是传统媒体信息的单向传播，而是信息的双向互动传播。用户可以获取他们认为有用的信息，厂商也可以随时得到消费者的反馈信息。网络广告可以做到一对一互动。对网络广告内容感兴趣的用户可以及时地做出反应。这种优势使网络广告可以与电子商务紧密结合，迅速实现一个交易的过程。

2. 网络广告的分类

（1）按计费方式分类

① 按展示计费

CPM 广告（Cost per Mille/Cost per Thousand Impressions）：每千次印象费用，即广告条每显示 1000 次（印象）的费用。CPM 是最常用的网络广告定价模式之一。

CPTM 广告（Cost per Targeted Thousand Impressions）：经过定位的用户千次印象费用（如根据人口统计信息定位）。CPTM 与 CPM 的区别在于 CPM 是所有用户的印象数，而 CPTM 是经过定位的用户的印象数。

② 按行动计费

CPC 广告（Cost per Click）：每次点击的费用。根据广告被点击的次数收费，如百度关键词广告一般采用这种定价模式。

PPC 广告（Pay per Click）：是根据点击广告或者电子邮件信息的用户数量来付费的一种网络广告定价模式。

CPA 广告（Cost per Action）：每次行动的费用，即根据每个访问者对网络广告所采取的行动收费的定价模式。这里对于用户行动有特别的定义，包括形成一次交易、获得一个注册用户或者对网络广告进行一次点击等。

CPL 广告（Cost for per Lead）：按注册成功支付佣金。

PPL 广告（Pay per Lead）：根据每次通过网络广告产生的引导付费的定价模式。例如，广告客户为访问者点击广告完成了在线表单而向广告服务商付费。这种模式常用于网络会员制营销模式中为联盟网站制定的佣金模式。

③ 按销售计费

CPO 广告（Cost per Order）：也称为 Cost per Transaction，即根据每个订单/每次交易来收费的方式。

CPS 广告（Cost for per Sale）：根据营销效果，即销售额收费。

PPS 广告（Pay per Sale）：根据网络广告所产生的直接销售数量而付费的一种定价模式。

（2）按广告形式分类

① 横幅广告

横幅广告又称旗帜广告（Banner），是网上最常见的广告，它一般位于网页的最上方或中部，用户注意程度比较高。当用户点击时，鼠标就会将他们带到指定的网站或着陆页中。横幅广告常使用 Java 等语言使其产生交互性，用 shockwave 等插件工具增强表现力，是经典的网络广告形式。

② 竖幅广告

是位于网页的两侧，广告面积较大，形状较狭窄，能够展示较多的广告内容。

③ 文本链接广告

文本链接广告是以一排文字作为一个广告，点击链接可以进入相应的广告页面。这是一种对浏览者干扰最少，但却较为有效的网络广告形式。有时候，最简单的广告形式效果却最好。

④ 电子邮件广告

电子邮件广告具有针对性强（除非肆意滥发）、费用低廉的特点，而且广告内容不受限制。它可以针对具体某一个人发送特定的广告，为其他网络广告方式所不及。

⑤ 按钮广告

按钮广告一般位于页面两侧，根据页面设置不同的规格，动态展示客户要求的各种广告效果。

第 2 章 社会化媒体营销（SMM）的 8 大主流工具

⑥ 浮动广告

浮动广告在页面中随机或按照特定路径飞行。

⑦ 插播式广告（弹出式广告）

访客在请求登录网页时强制插入一个广告页面或弹出广告窗口。它们有点类似电视广告，打断正常节目的播放，强迫观看。插播式广告有各种尺寸，有全屏的也有小窗口的，而且互动的程度也不同，从静态的到全部动态的都有。

⑧ 富媒体广告（Rich Media）

一般指使用浏览器插件或其他脚本语言、Java 语言等编写的具有复杂视觉效果和交互功能的网络广告。这种广告的使用是否有效，一方面取决于站点的服务器端设置，另一方面取决于访问者的浏览器是否能查看。一般来说，富媒体广告能表现更多、更精彩的广告内容。

⑨ EDM 直投

通过 EDMSOFT、EDMSYS 向目标客户定向投放其感兴趣或者需要的广告及促销内容、派发礼品、进行问卷调查，并及时获得目标客户的反馈信息。

⑩ 其他新型广告

视频广告、路演广告、巨幅连播广告、翻页广告、祝贺广告、论坛版块广告、来电付费广告等。

3. 网络广告的局限性

（1）传播的被动性

大部分网络广告是被动传播的，如果你不主动搜索，它是不会主动展现在你面前的。所以，为了让更多的用户能便捷地接触到所需要的广告，网络广告还需要开发诸如自动扩张式广告之类的能争取用户的模式，以发挥其最大的效益。

（2）创意的局限性

Web 页面上的旗帜广告效果很好，但是创意空间却非常小，其常用的最大尺寸约15cm宽，2cm高。要在如此小的空间里创意出有足够吸引力、感染力的广告，对广告策划者来说是个巨大挑战。

（3）广告位有限

理论上，任何能有人注意的地方都可以放置广告，但就一个网站来说，最吸引眼球的地方就那么几个。旗帜广告一般都放置在每页的顶部或底部两处，一般来讲，位于页面顶部的旗帜广告效果比位于底部要好，因此可供选择的位置比较少。图标广告虽然可以安置在页面的任何位置，但由于尺寸小，所以不易为人们所注意，广告主使用的也不多。同时，由于许多有潜力的网站还没有广告意识，网页上至今不设广告位置，从而使广告越来越向几个有影响力的导航网站聚集，这些网站页面上播映旗帜广告的位置也就成为广告主们竞争的热点，进一步加剧了广告位置的紧张性。因此，广告商们不得不采用在一个位置上安置几个旗帜广告，轮换播映的滚动广告形式，例如新浪、搜狐主页的顶部就轮流播映几个广告。

4. 提升网络广告营销效果的方法

提升网络广告的效果，你需要对投放后的数据进行仔细地分析，追踪投放的各个平台的数据，例如广告点击量、广告到达率、广告转化率等，并以此对投放的渠道、平台、关键词、访问url做出调整。一般来讲，对下列因素的优化可显著提升广告效果。

（1）位置

人们不愿意通过拖动滚动条来获取内容，把用户设想为最懒的人永远没错。所以放在网页上方和网页下方的广告所能获得的点击率是不同的。统计表明，网页上方比下方效果好，放在网页上方的广告点击率通常可达到3.5%~4%。

（2）面积

通常网络广告的标准大小有468mm×60mm、150mm×68mm和88mm×31mm三种常用规格。显而易见，一个大的广告图形更容易吸引用户的注意。因而不同大小的横幅价格也会不同。

（3）保持新鲜

经常更换图片很重要。当一个图片设置一段时间以后，新鲜感没有了，点击率开始下降；而当更换图片以后，点击率又会增加。所以保持新鲜感是吸引访客的一个好办法。

（4）关键词

一个恰当的关键词是用户下一步行动的指引。广告中使用的文字必须能够引起访客的好奇和行动。这些关键词有些虽然很土，但是却常常能够起到很好的效果。例如召唤性的词语，如"点击"；时间性的关键词，如"最后机会"；还有"免费"之类的诱惑词语等。

（5）引人注目

通常综合网站都会有"WHAT'S NEW"或者发布网站自身新闻的位置，这往往是一个网站中最吸引人的部分，因此广告如果放在这个位置附近会吸引更多人的注意。

（6）着陆页

没有人喜欢点击广告后，进入网站的主页，然后点击一堆栏目才找到他想要的页面，因此广告应该链接到你最想宣传的那个页面——着陆页上。

（7）动起来

人类的眼球和其他动物眼球一样，首先追索的是运动的东西。统计表明动画图片的吸引力比静止画面高三倍。运用动画，使用Java等语言使其产生交互性，用Shockwave等插件工具增强表现力都是比较好的办法。

5. 网络广告营销的测量方法

网络广告产生的作用和影响是多方面的，对网络广告营销效果的评定和传统媒体的评定方向大体是一致的。网络广告目标可以归纳为4个：提高知名度、认识产品、名单收集、达成交易。评价体系核心就在传播效果和销售效果这两个维度上。

（1）传播效果

广告传播有阶段性，一般阶段如下：A（Attention）注意，I（Interest）兴趣，D（Desire）欲望，A（Action）行动。这就是"AIDA 公式"（AIDA Formula），它指的就是潜在消费者从接触广告开始，一直到完成某种消费行为的几个动作。

AIDA 的每一个阶段都可以作为网络广告传播效果评估的内容，这与评估指标的对应关系如表 2-1 所示：

表 2-1　AIDA 对应网络广告评价指标

AIDA 评估内容	Attention 注意	Interest 兴趣	Desire 欲望	Action 行动
传播效果评估指标	广告曝光次数（媒体网站）	点击次数与点击率（媒体网站）	网页阅读次数（广告主网站）	转化次数与转化率（广告主网站）

（2）销售效果

广告主最关注的是由于网络广告的影响而得到的收益。我们知道，收益 = 广告收入 - 广告成本，因此，网络广告经济效果评估的内容及指标可以概括为评价网络广告收入（Income）指标和网络广告成本（Cost）指标。

其中，收入的评价极端复杂，网络广告只是影响产品销售的一个因素，很难界定有多少销售收入的变化是由于网络广告所引起的。于是人们转为评价成本指标。常见的可评价成本指标有：千人印象成本（Cost per Mille）、每点击成本（Cost per Click）、每行动成本（Cost per Action）。

第 6 节　一把"双刃剑"——新闻营销

在 2014 年，冰桶挑战、可口可乐歌词瓶、"国民岳父"韩寒这些精心策划的新闻引起全国网友疯狂热议，新闻营销效果非凡。

企业在从事新闻营销的时候，要牢记下面三个要点：

一个原则。新闻真实、不损害公众利益。

两个方法。一是利用具有新闻价值的事件，二是自己策划事件。有计划的策划、组织各种形式的活动，借此制造"新闻热点"来吸引媒体和社会公众的注意与兴趣。

三个目的。一是提高社会知名度；二是塑造企业良好形象；三是最终促进产品或服务销售。

1. 成功的新闻营销

（1）目的明确

对应突然出现的热点新闻，我们要考虑通过这次新闻营销要达到什么目的。如果是我们制造的新闻，我们更要明白为上面三个目的中的哪个目的服务。仅仅为了有新闻而制造新闻是得不偿失的。一次成功的新闻营销应该有其强烈的目的性。

（2）有传播性的新闻做载体

新闻每天都有，抓什么新闻来做营销呢？只有热点性的新闻才能引起关注。一条有传播性的新闻是新闻营销的载体，那么如何找到新闻点并为企业所用就比较重要了。

（3）炒作性

在新闻营销中，新闻如果不炒作，它对网络营销来说就没有价值，因为我们要靠它传播扩散，从而达到营销目的。

2. 新闻营销的分类

新闻营销主要有以下几类：

（1）产品新闻营销

主要包括产品测评新闻、买家体验新闻、新产品上市新闻、产品联动新闻等。

（2）企业新闻营销

主要包括重大企业事件、参与慈善活动、行业特色事件、危机公关事件等。

（3）人物新闻营销

主要包括 CEO 故事访谈、员工故事、CEO 发表行业性观点、社会热点点评、荣誉及社会责任观点阐述、企业家创业史等。

（4）文化新闻营销

主要包括企业价值理念、企业文化观、企业成长历程、品牌故事等。

3. 新闻营销的步骤

新闻营销的步骤如下：

（1）利用或者制造公众可参与的"事件"。按照新闻发布规律，结合企业需要，整合企业资源优势，精心策划新闻；

（2）根据策划主题，撰写不同风格的新闻素材。重要的是怎么把公司和产品或者概念嵌入新闻之中，而且不露痕迹，以达到更好的传播效果；

（3）根据当前新闻策划目标，确定发布媒体及发布比例。在这里我们强调的是"快"，新闻热点有时限，只有短时间内整合各种资源，才能产生最大的杀伤力；

（4）及时跟踪，关注效果和反馈。

4. 新闻营销的技巧

（1）新闻内容要有张力，能够抓住热点；新闻标题要有吸引力；新闻导语要精彩；新闻的主题要鲜明；多引述权威语言；尽可能写成真正的"新闻"。

（2）新闻要提供后续事件，在新闻传播的过程中不断地加入新鲜的"小事件"，保持新闻事件动态推进，不断制造受众关注度。

（3）嵌入产品信息和企业活动要隐藏宣传痕迹。

（4）选择适当、有规模的传播渠道发布。

（5）策划举行产品推广会及终端促销活动与新闻营销相配合。

任何的新闻营销策划都是一把"双刃剑"，成功的新闻营销往往能够以廉价的成本吸引众多消费者的关注，迅速提升企业形象，扩大品牌的知名度、美誉度，最典型的就是"加多宝"公司汶川地震时的捐款，让"王老吉"这个品牌家喻户晓，成就了"王老吉"的美誉度，同时也让"王老吉"的销售量一路攀高。即使后来"加多宝"和"王老吉"分手，很多消费者也一样跟随"加多宝"公司转换品牌。

然而新闻营销如果运作不好，也可能给企业带来难以挽回的负面影响。"达芬奇家居"就是这样典型的例子。所以，企业在开展事件营销时，也要注意风险的预测与控制。

第7节 伪装的广告——软文营销

软文是广告的一种，之所以叫作软文，是相对于硬性广告而言的，它不是硬邦邦的推销，它追求的是一种春风化雨、润物无声的传播效果。在软文营销中，我们通过特定的概念诉求，以新颖的理念和方式改变消费者观念，然后通过心理引导实现产品销售。

所以说，软文是基于特定产品的概念诉求与问题分析，对消费者进行针对性心理引导的一种文字模式。从本质上来说，它是企业软性渗透的商业策略在广告形式上的实现，它和广告一样，同样由企业的市场策划人员或广告公司的文案人员来撰写，通常借助文字表达与舆论传播，例如新闻、第三方评论、访谈、采访、口碑等，使消费者认同某种概念、观点和分析思路，从而达到企业品牌宣传、产品销售的目的。

为此，在进行软文营销的时候，我们必须注意到以下要素：软文的主体是企业，是企业站在自身的角度进行策划的；写软文的目的是企业的某项要求，没有目的的软文对企业没有意义；软文和新闻稿有区别，和软文无拘束的主题不同，新闻稿必须要有新闻时效性。

1. 软文营销的软文形式

软文的形式虽然千变万化，但主要有以下几种设置方式：

（1）悬念式

这种方式先提出一个问题，然后围绕这个问题进行自答。例如下面是脑白金"人类可以长生不老？"的悬念式软文。自问自答，以"长生不老"的问题引出脑白金，把脑白金和高科技相联系，以美国人等为之疯狂的事例作为引导，使人们相信吃了脑白金有利于身体健康，最终达到"长生不老"的效果。

```
人类可以"长生不老？"

前言
"衰老根源"的发现与"克隆"技术被称为生命科学近几十年来的两大突破。这两项突破将改变人类的生活，同时可能会引发社会问题。
"衰老根源"的发现，首先使美国疯狂，含 3 毫克的脑白金在加州居然被炒到 50 美元，是白金的 1026 倍。欧洲为它沸腾，日本为它痴迷，这场人类深刻的革命正悄悄来到中国。中国能为之镇静吗？
美国人的疯狂
1995 年 12 月 25 日，美国的圣诞之夜，从东海岸的纽约、华盛顿、迈阿密到西海岸的西雅图、旧金山、洛杉矶，美国的国土上一反常态地出现了"不理圣诞，疯狂采购"的长人人流。
圣诞节的夜晚，人们不在暖暖的炉火旁，反而去商场门口的雪地里排队购买一种神奇的东西——脑白金。
```

图 2-2 "人类可以长生不老？"软文片段

通过设问引起话题和关注是悬念式软文的优势。在操作此类软文时，一定要注意：一是提出的问题要对目标用户有吸引力，二是答案要让人信服。简单地说，就是所嵌入的产品的确要让人相信有作用。

（2）故事式

在发明文字之前，故事就是人类最古老的知识接受方式。故事式软文通过讲一个完整的故事，在里面植入产品，以此给消费者心理造成强暗示，从而加深其产品印象，提高产品美誉度，甚至促成购买。在此类软文中，故事的趣味性、知识性、合理性、故事背后的产品线索的嵌入是这类软文营销的关键。

（3）情感式

本节后面例举的"多点 Dmall"软文就是典型的情感式软文。直指人心的情感式软文是最能打动消费者的。消费者在大多数情况下并不理性，冲动消费很正常。一篇好的情感式软文容易打动人，容易走进消费者的内心，并迅速完成销售。所以"情感营销"一直是营销百试不爽的灵丹妙药。

（4）恐吓式

和情感式软文完全相反，恐吓式软文属于反情感式诉求。情感诉说美好，恐吓传播恐怖。"高血脂——瘫痪的前兆""不要让孩子输在起跑线上"就是这样典型的例子。实际上恐吓形成的效果要比美和爱更具备记忆力。这种营销方法往往用于健康、教育等产品或服务上，但这种方法也常常遭人诟病，所以一定要把握度，不要过火。

（5）促销式

促销式软文常常跟进在上述几种软文见效时，"网上买电器去××，新年特惠专场""×××，在北京卖疯了"。这样的广告软文或者是直接配合促销使用，或者是通过消费者的"攀比心理""从众心理"等多种因素来促使他们产生购买欲。

（6）新闻式

新闻式软文要符合新闻的特征，需要媒体的配合。这种软文主要是借助媒体的力量，用软文的形式来表现，把新闻事件作为基础。借助新闻媒体的传播力量，这种类型的软文具有可信度高、传播广、效果较明显的特点。

（7）争议式

有争议、有冲突才能产生更多的关注和评论，才能迅速传播，才能让植入广告得到较高的曝光率。有时候故意制造争议，为的就是想吸引更多人的关注，引来支持或对立的用户发起讨论。

相对来说，这种软文植入广告的难度较大，需要高超的策划能力。

（8）分享式

分享式软文的核心在传播知识、经验、体验，比较适合个人品牌或者形象的树立以及推广，博客中常用这种形式的软文。

上述八类软文绝对不是孤立使用的,是企业网络营销战略中一场场重要的战役,如何使用就是布局的问题了。

2. 软文营销的"三软"

引起注意、转变观念、促成消费是做软文营销的目的。

(1)眼软。采用新闻资讯、技术分享、消费体验、专业测评、创业故事、管理思想、企业文化、情感诉求等方式,让用户的眼睛停留,接受有可能的影响,使受众"眼软";

(2)心软。宗旨是制造信任。用户看完文章相信你的观点,才会付诸行动。使受众"心软";

(3)嘴软。把产品卖点说得明白透彻,营造气氛让消费者感受产品带来的利益,让他不能开口拒绝你,使受众"嘴软";

作为网络营销者,永远要牢记:软文本质是广告,它追求低成本和高效回报,绝不要回避商业的本性。

3. 软文营销的步骤

软文营销要求实施者具备综合型的素质,一般软文营销的实施步骤如下:

第一步,背景分析

包括消费者分析、产品分析、竞争对手产品分析,以便准确地策划软文话题,选择正确的媒体策略。

第二步,软文话题策划

根据营销的目的来策划话题,在话题策划中,要充分考虑用户群的特点,了解他们喜闻乐见的事物。但迎合用户只是保证他们能关注软文的手段,一定不要忘记软文的营销目的。例如,当用户不了解企业、产品的时候,应该注重用户信任的建立;如果是成熟的企业,应该侧重活动和特色产品的推广,以直接带动销售;如果是品牌推广,话题要侧重企业的文化,突出企业的个性、特色。总之,软文话题是可以包罗万象，多想多写便能策划出好的软文。

如果企业策划有困难，还可以委托专业营销公司、广告公司来做。软文策划是整个工作中最重要的环节。

第三步，软文媒体选择

这一步完全决定于前两步，如果市场策略和话题都已确定，一位熟悉媒体的媒介人员很轻松就可以走好媒体选择这一步。一般我们可以将发布这一步骤外包给软文发布公司。效果好不好，不取决于发布公司，而是取决于策划。

第四步，软文写作

按照软文策划案完成软文文案，这需要一位有行业知识背景的文案人员来完成。对于有软文写作经验的人来讲，软文写作并不难，只是耗费脑力和时间，需要细心去琢磨。

第五步，软文发布

软文发布是将上一步编撰好的文案发布到策划好的目标媒体上，一般直接委托给发布公司即可。

第六步，软文效果评估

软文的效果在于网络口碑与推广的持续效果。能反馈的效果往往是网站流量、电话咨询等。一般来讲，仅以发布之后几天内网站的销售和流量的提升来考核效果是不合理的。

4. 软文营销的实施技巧

（1）软文营销人员的三个基本素质。

首先是极度敏感。你需要对最新热点和新闻很敏感。如果你是宅男宅女，两耳不闻窗外事，那你不适合做这项工作。你需要及时去关注每一个热点新闻，有敏锐的洞察力，能够抓住热点，满足用户的需求，那么你的软文才能吸引到人气。

其次，了解用户，了解产品。要了解你产品的目标人群有哪些需求，有的放矢地进行营销。以人们的心理为基础，结合热点，想办法嫁接上要推广的内容，这是写作软文最关键的地方。

最后，文笔要好。要注重文笔的风格，好的文字风格会让用户留下好印象。

（2）寻找好的发布渠道。写好的软文可以发布在企业网站、博客、论坛上，也可以通过渠道发布在大型网站上，比如新浪、搜狐等。选择网站的时候，要关注是否是新闻源网站，还要看网站能否加入超链接、外链等。

（3）效果评估。通过软文流量分析、点评率分析、文章的转载率以及关键词优化等手段对商业软文进行评估，帮助企业实现在搜索引擎首页的新闻展示，带来最精确和最实际的效果。

5. 软文营销的写作技巧

（1）题目学习"标题党"

标题是软文成功的一半。无论对传统的报纸杂志，还是新媒体，道理是一样的。"标题党"曾在网络中红极一时，为很多网站赢得了流量，带来了收入，这是有其存在依据的，因为用户首先关注标题，有兴趣才能看下去。但"标题党"也经常被人诟病，因为随着搜索的不断完善，用户体验逐渐被人们所重视，而标题党完全背离了用户体验，他们有个好的开始（标题），却没有一个好的结尾（内容），让用户有一种上当受骗的感觉。

写标题作为写软文的重要部分，要仔细地推敲、构思。标题要吸引人，让人看了忘不了，有猜想、有疑问、有看下去的念头。如果标题能达到这样的效果，那就为软文的成功奠定了一个良好的基础，加上一篇有质量的内容，就能更好地吸引用户。

（2）内容模仿小刊小报

小刊小报不会板着脸说话，它们提供的都是大众喜闻乐见的文章。大家喜欢它们，其实未必是由于文笔多么精彩，主要是它们总有很多吸引人的小趣闻、温情的小故事，甚至生活怪事吸引着人们去看、去爱、去骂、去评论。把观众的情感调动起来，有了这样的内容，你的软文就成功了一半。

（3）软硬适中，方能效果显著

需要注意两点，一是不能让人们把你写的软文当广告。无论你做得多么好，只要被人们发现是广告，就可能把页面关闭，一切都等于零。二是不能让人们把你的软文当美文。如果软得没了宣传的迹象，读者真拿它当作一篇优美的范文去欣赏，那你的功夫也白费了。这需要我们把握一个度，写出的软文要软硬适中，既不能让读者一眼就看穿是广告，又要让读者能够记下你要宣传推广的信息，起到推广作用。

具体需要把握两点：

首先，把推广的内容放在后面。当读者发现是广告时，已经把内容看完了。同时由于前面的内容确实精彩有用，因而不会产生反感情绪，读者最后也记下了你的推广信息，两全其美。

其次，广告完全融入软文。广告信息的嵌入，最忌生搬硬套、胡乱联系，这一定会让读者反感。要不露痕迹、水到渠成地和内容完全地融入，就算明眼人看出来，也会感叹你完美的结合。

只要注意以上几点，不需要文采飞扬，你的软文一定能起到很好的宣传推广作用，而且效果倍增。

6．"多点Dmall"经典软文：趁你未老，趁我能报

【写给离家奋斗的你】

一年中的公休假期按小时来计算是691个小时，而一年共有8760个小时，假设每个假期都回家，且路程时间完全不占用假期，那么我们与父母共处的时间也只占全年的7.8%。

在这7.8%的比例中，可能有2%要分给同学聚会，2%用来逛街购物，1%父母不在家，那么大概剩下2.8%左右的时间与父母独处。

在这2.8%的时间里，保守估计，还有0.8%在为琐碎的事情争执。那么剩余

互联网营销

2%的时间在好好聊天。

而这一周的陪伴实现的前提,是你每个假期都回家!

在剩余98%的时间里,你能为逐日老去的父母做些什么?

3000公里的距离,2个半小时的飞行时间,不到72小时的陪伴。

在孝顺的面前,距离理应是一个没意义的数字。在亲情面前,爱的传递方式本可以多一种。

别让他用佝偻的身躯去排队结账,别让他用蹒跚的步履去赶公交。像儿时他溺爱你一样,让他任性一次。

趁你未老,趁我能报
多点爱,给父母

给生活多点新鲜

满59元即免运费
一小时极速送达

<长按二维码>

第8节 让大家告诉大家——病毒式营销

听到"病毒",很多人会感觉到恐怖,其实,病毒式营销是一种常用的网络营销方法，经常用于进行网站推广、品牌推广等。简单地说，病毒式营销（Viral Marketing）是指那些鼓励目标受众把想要推广的信息像病毒一样传递给周围的人，让每一个受众都成为传播者，让推广信息在曝光率和营销上产生几何级增长速度的一种营销推广策略。

病毒式营销不是传播病毒，而是通过巧妙的设计，引导人们发送信息给他人或吸收朋友加入某个流程来增加企业知名度或体验销售产品与服务。这种方式可以通过电子邮件、论坛、QQ聊天、微信、网络新闻等发布消息进行传播。

1. 病毒式营销的特点

病毒式营销拥有区别于其他营销方式的特点。

（1）无成本

对于商家而言，病毒式营销是几乎无成本的。传播需要人力成本和渠道成本，但在病毒式营销中，它利用了用户的参与热情，用户受商家的信息刺激自愿参与到后续的传播过程中，大量用户自愿转发，这样原本应由商家承担的宣传成本就由用户承担了。

传播渠道的成本也没有了。目标消费者自愿提供传播渠道，而且没有从"为商家打工"中获利。原因在于第一传播者传递给目标群的信息不是赤裸裸的广告，而是经过加工的、具有很大吸引力的产品和品牌信息，而正是这件披在广告信息外面的漂亮外衣，突破了消费者戒备心理的"防火墙"，促使其从纯粹的受众转变为积极的传播者。

（2）几何倍数的传播速度

大众媒体发布广告的营销方式是"一点对多点"的辐射状传播，如电商广告的传播，均衡地、同时地、无分别地传给当时看同一频道的所有人。病毒式营销则不同，它是自发的、扩张性的信息推广，典型的"一传十、十传百、百传千千万"的几何倍数的传播速度。它通过类似于人际传播和群体传播的渠道，将产品和品牌信息传递给那些与目标消费者有着某种联系的个体。

（3）高效率的接收

传统媒体投放广告存在一些难以克服的问题，比如信息干扰强烈、受众戒备心理严重等。以电视广告为例，同一时段有各种广告投放，其中不乏同类产品"撞车"现象，同时还存在大量观众一到广告就换台的现象，这些都大大减少了受众的接收率。但病毒营销却不同，那些精心包装的可爱的"病毒"，是受众从熟悉的人那里获得或是主动搜索而来的，在接受过程中自然不会有抵触的心态；同时，接收渠道也比较私人化，如手机短信、QQ、微信、电子邮件、封闭论坛等。以上方面的优势，使得病毒式营销尽可能地克服了信息传播中的干扰，增强了传播的效果。

（4）更新速度快

病毒式营销的传播过程通常是呈 S 形曲线的，即在开始时很慢，当其扩大至受众的一半时速度加快，而接近最大饱和点时又慢下来。也就是来的快去的也快。针对病毒式营销传播力的衰减，一定要在受众对信息产生免疫力之前，将传播力转化为购买力，方可达到最佳的销售效果。

2. 病毒式营销的基本要素

美国著名的电子商务顾问 Ralph F. Wilson 博士将一个有效的病毒式营销战略归纳为六项基本要素，一个病毒式营销战略不一定要包含所有要素，但是包含的要素越多，营销效果可能越好。

这六个基本要素是：

（1）提供有价值的产品或服务；

（2）提供无须努力就可向他人传递信息的方式；

（3）信息传递范围很容易从小范围向大规模扩散；

（4）利用公众的积极性和行为；

（5）利用现有的通信网络；

（6）利用别人的资源。

第 2 章　社会化媒体营销（SMM）的 8 大主流工具

3. 病毒式营销的实施过程

（1）整体规划，确定营销思路；

（2）加入独特的创意；

（3）设计信息源：你要传播的产品和服务一定是有价值的；

（4）信息传播渠道；

（5）对病毒式营销的原始信息在易于传播的小范围内进行发布和推广，需要找准"低免疫力"人群；

（6）对营销效果跟踪管理，包括"病毒"更新；

（7）将用户对"病毒"的迷恋迁移到它所随身负载的产品或服务以及相关的产品上，从而形成产品或服务本身的自然销售。

4.《金陵十三钗》病毒营销案例

在 2012 年春天，在 QQ 群、微博、论坛上广泛传播着这样一条信息：

张艺谋拍的《金陵十三钗》日本拒绝放映，直接封杀，我们就不可以吗？小日本拍的《贞子》3D 将于 2012 年 5 月 12 日在中国大陆上映。而 5 月 12 日又是国难日。不管怎样，这一天都是悲伤的日子，作为中国人，我们无法忘记历史留给我们的伤痛！敢不敢让《贞子》3D 5 月 12 日票房为零？扩散至全国。

另有一条相似的消息称 5 月 12 日是南京大屠杀纪念日。

南京大屠杀纪念日实际上是 12 月 13 日，而这两条信息就是病毒式营销，通过国人的民族情绪产生了非常好的营销效果。

当时这一病毒至少影响了数百万受众人群。而在传统媒体上要达到这一效果，或需要百万元的广告费用。

本章重点、难点分析

（1）社会化媒体营销的 8 个主流工具。

（2）8 个主流工具的特点，适用范围和实施步骤。

（3）掌握 8 个主流工具的实施技巧。

本章小结

社会化媒体的崛起是近些年来互联网的一个发展趋势。利用社会化媒体来传播和发布资讯，已成为营销的一个新话题。

本章主要介绍了 IM、E-mail、论坛、博客、网络广告、新闻、软文、病毒营销等常见的 8 个主流社会化媒体营销工具的特点、分类、适用范围和实施步骤，同时，对如何使用这 8 个主流工具的技巧进行了分析。

本章思考题

（1）常用社会化媒体营销的工具有哪些？

（2）QQ 营销实施方法。

（3）论坛营销的步骤。

（4）博客营销的操作步骤。

（5）提升网络硬广告营销效果的方法有哪些？

（6）软文营销的实施步骤。

（7）病毒式营销的基本要素是什么？

第3章
决胜指尖——移动媒体营销（MMM）

"不社交，无媒体；无移动，不营销。"移动的终端和介质，社交的逻辑与形式，是当下乃至未来一段时间数字营销领域的焦点。

——江南春　分众传媒董事局主席

移动媒体，从诞生那刻开始，就牢牢地和每一个用户连接在一起。电脑可以不在身边，但如果手机不在，很多人便感受到似乎与世界失去联系。2015 年，中国移动用户已经突破 10 亿，超过 6 亿人口正在使用智能手机。互联网的移动化，让手机迅速成为填充消费者碎片时间的工具，中国网民已经呈现了"Always on（永远都在线）"的特征。与移动营销息息相关的移动应用，仅苹果 App Store 在 2012 年年底就已经突破 100 万个应用，并以每月 3 万个的速度增长。

据 InMobi 2014 年报告，中国移动互联网用户每天接触媒体的时间为 5.8 小时，其中使用手机和平板设备的时间为 2.3 小时，超过电脑（100 分钟），并远高于电视（60 分钟）和报纸杂志（25 分钟）。如此巨大的用户规模和丰富多样的移动媒体应用，让它逐渐成为传统媒体外的第五大媒体，同时也催生出一个新的营销市场。

移动媒体营销（Mobile Media Marketing，MMM），可以被理解为是一种依托于移动设备（如智能手机、平板电脑等）而进行的一系列营销活动。作为互联网营销的一部分，移动营销可以向受众定向和准确地传递个性化信息、产品和服务，与消费者进行及时有效的互动，从而达到企业产品或服务在市场上的传播和销售。

随着移动互联网技术的发展，越来越多的用户已开始冲破电脑枷锁，网络营销也开始从桌面转移到人手或者人本身上。特别是智能机的普遍使用，视频、交友、购物、旅游、找工作，等等，都可以通过一部智能手机轻松实现，移动端方便快捷的优点使得广大消费者对移动端的依赖性越来越大。

第 1 节　移动营销前世今生

过去，人们不知道今天手机可以超越电脑，成为人们主要的信息来源渠道；今天，我们能对移动营销的定义也在逐步改变，移动营销的基础平台准确描述应该是个人智能无线移动终端，包括了手机、平板电脑等平台在内更广的范围；未来，谁也不知道会有什么个人终端智能产品出现，比如可穿戴设备、一种3D全景化的头盔，或者干脆就是一个人造眼睛成为主流也有可能。

移动营销概念的原型最初从手机营销概念上延伸而来，比如大家深恶痛绝的垃圾短信以及熟悉的手机门户网，还有人们恐怕已经淡忘的企业彩铃、短信网址、WAP网站等，都可以纳入移动营销范畴。

2004年空中网上市，让手机门户广告活动及短信传播这两种移动营销模式进入人们视线。但2008年的3·15消费者晚会也给了短信营销提供平台一次致命的打击，一时间短信营销销声匿迹。

最近几年，随着手机智能技术的发展，出现了iOS和安卓等手机操作系统，以苹果手机等为首的移动智能通信设备重新让移动营销融入人们的生活，而移动营销在其表现形式上也出现了创新，比如出现了App应用。2010年，"愤怒的小鸟"游戏通过App下载风靡了全球，而随着3G、4G网络的兴起，手机上网的速度提升、资费下降加上新智能平台产品的发展，一个重量级的应用终于登上了舞台，手机购物开始迅速发展，移动端在线交易平台不断上线。2014年，移动购物市场规模增速超200%，当年"双11"购物节，仅阿里巴巴就实现移动端交易额占总成交额的42.6%，未来超过PC终端已为时不远。对不少企业而言，移动营销不但能直接形成在线销售，还具备品牌形象曝光、广告互动活动、优惠折扣等传统互联网的营销模式，以及一些独特的优势，比如微信的点对点精确营销模式等。

移动营销在整个互联网大变革中的发展速度和频率着实超乎了人们的想象，刚弄明白一种方式，它就又变了。如今比较流行的还有自媒体营销，与社交媒体内容营销和移动营销相结合，以微信公众号、微信群、朋友圈，以及企业自有微信服务的订阅号等为主要领域。

4G网络的普及将会迎来整个互联网的变革，为用户带来更舒适的消费体验，这也直接转移了用户的互联网使用习惯。因此，4G时代的降临势必会加速移动互联网营销的进度，成为下一波互联网营销的发力点。

在未来的营销领域中，以移动媒体为核心的整合营销将会越来越多，几乎所有的企业都会想方设法将移动营销加入整个营销的体系中，甚至设为主力。与消费者之间的互动交流效果会越来越好，并成为重中之重，所以移动化客户关系管理又是一个新话题。

以下几点移动营销的新动向需要引起我们的注意。

（1）移动端号码背后是最精准的用户

记不住网上账号，甚至记不住银行账号的人比比皆是，但记不住手机号码、QQ、微信号码的人却少之又少。我国从2010年9月1日起正式实施手机用户实名登记制度，手机号码背后就是一个特定的人，由于手机号码的使用周期一般较长，所以手机号码极具营销价值。

微信、QQ更具有超越手机号码的特性。用户的手机号码可能更换，但微信、QQ号码基本都不会换，企业如果获得了这些目标用户信息，并得到他们的反馈，建立起长期的联系，就可以有效地实施精准营销。

要从客户终生价值的角度来分析回报，这点对于移动端来说尤其重要。如果能够把移动平台设计得很友好，还能把一次性消费者转换为长期的顾客。

（2）用户大部分时间通过移动端上网

在国外，消费者的全部上网时间中有超过60%是在移动端完成的；在中国，手机族到处都是，这个比例可能更高。因此没有理由让你的生意不登录到移动端来。

（3）消费者使用移动应用时，不太会对各个商家进行比较

按照美国知名互联网统计公司comScore的研究，46%的消费者称，当他们使用移动应用进行在线购物的时候，不太会进行很多比较。这份报告是基于对3000个美国成年消费者的调查得出的。

究其原因，恐怕是移动屏幕太小，切换不方便。因此，商家要迅速推出相应的移动应用，这样潜在的消费者才不会被竞争对手吸引走。

（4）移动端的搜索更能导致即刻的行动

据分析机构 iAcquire 的报告称，70% 的用户如果在移动端进行了搜索，那么会在之后的一个小时内完成某项操作。这说明用户在移动端进行搜索时的目的性更明确。

这也是移动营销的一个优点——屏幕小，移动端用户看到的离散信息更少，不容易分心，因为用移动搜索，肯定是着急的用途，所以在移动端做广告还是很能促进业务指标的，比如应用的下载量、交易数量的多少等。

（5）移动端更接近用户，是用户服务的好地方

小米的博客引导、社区沉淀、微信服务就是最典型的例子。

（6）分众和本地化能做到极致

移动端都带有地理信息。一些 O2O 的营销，例如餐饮、住宿、娱乐、教育、汽车服务等，都需要本地化移动营销传播。这种传播只服务特定地理区域，需要拉近企业与客户之间的距离，使更多用户可以参与进来。例如福特公司在做"翼虎"活动时，区别于以往的活动形式，采用区域智能回复功能，实现服务本地化。当用户直接互动翼虎的全国性活动"你需要的是最近的那家 4S 店"平台号码时，即被直接导入 CRM 系统，进行潜在用户资料备份。

第 2 节　App 营销

星巴克的 App

星巴克为那些睡懒觉的人精心设计了一个"Early Bird"应用，用户在设定的起床时间闹钟响起后，只需按提示点击起床按钮，就可得到一颗星，如果能在一小时内走进任意一家星巴克店，就能买到一杯打折咖啡。

千万不要小看这款 App，它让你从睁开眼睛那刻起便与这个品牌发生关联。

还有一点：清晨是人记忆力最强的时段，星巴克利用这一时段让人记住品牌，实在是高明。

绝不能把传统营销的一切做个"大搬家"到企业微博和 App 上就算完成了移动营销，这就完全忽视了用户的需要。星巴克"Early Bird"是一个成功的案例，以用户需求为主角，让商业诉求扮演配角。把人们的需求与品牌紧密联系，再配上高科技的软件，估计谁都想体验一下吧。

1. App 常见的推广方法

App 推广渠道应该怎么做，对于 App 的生存与发展尤为重要，也是 App 营销方案达到效果最大化的前提。

（1）应用商店推广

市场研究机构 App Annie 研究报告显示，在 2015 年第一季度，中国地区的苹果 iOS 下载量历史上首次超越了美国，位居第一，虽然营收仅位列第三，落后于日本和美国，但中国超越美国，成为 iOS 应用的最大市场可能只是时间问题。

应用商店推广主要是通过开发者在一些专门平台上上传应用，供用户下载。这些平台主要包含以下 5 种：1）硬件开发商平台，如苹果的 App Store；2）软件开发商平台，如谷歌的 Android Market、微软的 Windows Mobile Marketplace；3）网络运营商平台，如中国移动的"移动 MM"、中国联通的"沃商店"、中国电信的"天翼空间"；4）独立商店，如安卓市场、安智市场、机锋市场、360 助手等；5）一些 B2C 应用平台，如 Amazon Android App Store，等等。

（2）线下预装

线下预装来源于下面几个阶段。

最主要的是手机生产阶段预装，包括 1）芯片商预装：如高通、MTK、展讯等，App 如果预装在芯片里，那用户就没法卸掉。2）方案商预装：方案商设计手机原型，然后将芯片给到厂商，或者由厂商提出需求，方案商进行设计。现在方案商一般被手机厂商收回预装权限了，但他们仍可以做小品牌手机的预装；3）手机厂商预装：主要是"中华酷联"（中兴、华为、酷派和联想）、"OV 小魅"（oppo、vivo、小米、魅族）等。目前，"中华酷联"均收回预装权限，已经市场化，形成规范的合作模式,每个装机价格市场化,成为线下预装一个重要的渠道。

其次,还有分销阶段预装、运营商渠道预装、刷机商预装等。其中,运营商渠道是值得重视的一个重要市场。

(3) 内容营销

这种方式主要是通过网络媒介来增加自己的曝光率。如何增加曝光率?一方面加强宣传推广,通过门户网站和其他知名网站的平台发布软文,提高用户口碑,增加宣传力度。另一方面,选择那些具有权威性、专门评价应用的媒体,发出测评文章等软文,塑造企业或者产品形象,吸引大众眼球。

(4) 网络广告

网络广告对于流量具有推动性,同时企业和产品知名度也会大大提升。应该选择哪些网络广告呢?第一,PC 网络广告,包括硬广告、搜索广告等;第二,移动广告,Google Adwords 的移动版,Apple 的 iAD、百度移动推广等。国内的移动广告平台也很不错,用户安装一个应用,这个应用又会推广别的应用,你的应用可以通过这种方式去进行推广。这样的好处是精准匹配用户群,同时,费用可以按照 CPM、CPC、CPA 等进行支付。

(5) 免费发放应用

开发商供应无广告、无注册要求或无其他附加条件的高级应用给网站,网站在某一特定时段,将这些应用无偿供应给网站访问者,然后通过在线广告收回成本。

(6) 放在互联网开放平台上

腾讯开放平台、360 开放平台、百度开放平台、开心网开放平台、人人网开放平台等就是这样的开放平台,这些平台作用很大,将你的 App 应用放到这些互联网开放平台上,就可以享受海量的用户。

(7) 专业的 App 开发平台

宣传费用充足的企业可以找一家品牌信誉度较高的 App 开发平台,定制一个功能完善的 App;资金不足的企业可以直接在智能化的 App 建站平台上选择适合的模板直接生成 App，这样可以借助平台的影响力提高企业 App 的曝光率，提高用户的信赖感。

（8）付费广告

在非高峰期的本地电视节目时段、知名的互联网平台、流量超大的门户网站投放广告。用户经常看见这个广告，无形中会形成对品牌的认知。

（9）网络视频营销

我们可以看到，如凡客、梦芭莎等商家不间断地在视频网站上投放广告。视频上超酷的应用展示，很容易被受众记住品牌，因为视频能传达的信息是文字和图片无法替代的。其实这种制作成本并不是很高，加上二维码，用户就可很方便地下载应用了。

（10）微博、微信营销

微博提供同圈子的用户，要尽量和那些微博上的意见领袖、话题制造者、评测网站之类的账号取得联系，这样可以近距离接触他们海量的用户；微信通过朋友圈的力量将信息扩散，还可以充分利用这个平台与用户互动，增加用户黏性，让你的 App 一直留在用户手机上。

2. 常用的移动数据分析

和 PC 端网站需要统计数据一样，移动端也需要一个数据统计分析工具。一方面，我们需要继续"跑马圈地"，尽可能多地抢占移动端；另一方面，由于移动应用市场越来越细分，人群越来越复杂，设备越来越纷繁，移动开发商需要一个平台去帮助他们实现精细化运营，而精细化运营的前提就是：你必须全面掌握移动应用的数据和产品表现，监控渠道导流效果，从而优化运营方案。

（1）百度移动统计

百度移动统计就是一款免费移动应用统计分析工具，支持 iOS 和安卓两大平台，开发者通过嵌入统计软件开发工具包（SDK），即可实现对移动应用的全面监测，实时掌握产品表现，洞察用户行为。

自从 2012 年 4 月上线以来，百度移动统计已为众多移动开发者提供移动统计分析服务，每天处理会话请求超过 10 亿次，"六大分析"功能全面帮助移动开发者实现数据化、精细化运营。如今，百度移动统计快速迭代，为开发者提供"统计分析、开发工具、营销推广"等多种类型的服务。

2013 年 9 月 11 日，百度移动统计团队正式对外发布了行业首本《移动应用分析白皮书》。"白皮书"介绍了如何使用移动统计工具对应用进行数据分析和运营管理，涵盖用户分析、受众管理、使用行为分析、渠道版本分析、终端设备分析、自定义事件和错误分析等全部模块内容。"白皮书"是团队综合和总结了 5000 款应用的海量数据提炼而成的，对开发者有重要的参考价值。

百度移动统计只需要几步设置即可注册使用：

① 登录官网，注册账号；

② 登录后在全部应用页面点击"新增应用"，填写应用的基本信息，获取应用的唯一识别码（即 AppKey）；

③ 下载对应平台的 SDK，软件安装包只有 50K 左右大小，很轻便，并参考开发文档集成 SDK，即可在百度移动统计上实时查看强大的统计分析报告了。

（2）谷歌分析

Google Analytics（谷歌分析）是 Google 的一款免费的网站分析服务，从其诞生以来便广受好评。

2012 年，Google Analytics 推出移动 App，安卓版 Analytics App。Google 的这个新分析工具覆盖 App 与用户关系之间的三个主要阶段：用户获取与用户度量/指标阶段、参与度（Engagement）阶段、结果（Outcome）阶段。在用户获取阶段，开发人员可以追踪新的用户、活跃用户，同时还能识别不同 App 版本、设备以及操作系统；在参与度阶段，Google Analytics 统计的数据包括了数据的使用频率、参与流（Engagement Flow）以及崩溃报告；在结果（Outcome）阶段，移动 App 分析将显示转换率（开发人员认为重要的任何目标）和应用内（In – App）支付。

第3节　扫一扫——二维码营销

团购扫一扫，电影扫一扫，吃饭扫一扫，二维码"忽如一夜春风来"，这个黑白相间的小小方格遍布我们身边，被赋予了各种商业意义，被商家张贴得无处不在。为什么二维码能成为一个新颖的营销手段，越来越受商家们的追捧？原因就在于，一个免费的二维码，用户一扫，就能引导用户访问企业网站，在提升企业品牌关注度的同时，还一并带动了市场销售。

二维码（2 - dimensional bar code）是用某种特定的几何图形按一定规律在平面（二维方向上）分布的黑白相间的图形，它在代码编制上巧妙地利用构成计算机内部逻辑基础的"0""1"比特流的概念，使用若干个与二进制相对应的几何形体来表示文字数值信息，通过手机摄像头等图像输入设备读取以实现信息自动处理。

（1）二维码的作用

用户利用手机扫描二维码图像，通过手机客户端软件进行解码后触发手机上网、名片识读、拨打电话等多种关联操作，以此为用户提供各类信息服务。

（2）二维码的价值

① 手机电商（用户扫码、手机直接购物下单）。

② 网站跳转（跳转到微博、手机网站、其他互联网网站）。

③ 手机支付（扫描商品二维码，通过银行或第三方支付提供的手机端通道完成支付）。

④ 广告推送（用户扫码，直接浏览商家推送的视频、音频广告）。

⑤ 信息获取（名片、地图、WiFi密码、资料）。

⑥ 防伪溯源（用户扫码即可查看生产地；同时后台可以获取最终消费地）。

⑦ 优惠促销（用户扫码，下载电子优惠券，抽奖）。

⑧ 会员管理（用户手机上获取电子会员信息、VIP服务）。

1. 二维码，打通O2O

二维码其实诞生很久了，但应用一直不温不火，随着摄像头和能安装解码软件的智能手机的普及，二维码具备了应用的可能。但真正让二维码成为业内焦点的原因，是在O2O中，人们期望通过它打通线上线下。

O2O即Online to Offline（线上到线下），是指将线下的商务机会与互联网结合，让互联网成为线下交易的前台，这个概念最早来源于美国。2013年O2O进入高速发展阶段，开始了本地化及移动设备的整合，于是O2O商业模式横空出世。

移动互联网的迅速发展，网络和智能手机的普及率日渐攀升，最终人人都能随身携带一个二维码识别器，从而解决终端解码和设备铺设、数据联网的问题。此外，消费者开始重视互动和信息传播。由于二维码码制开源，参与成本低，众多生成二维码的在线工具或手机应用又解决了条码编码生成难的顽疾。

腾讯公司在这方面的发力最为引人注目，其旗下的微信正在大力推广二维码的普及。腾讯CEO马化腾曾在2012年互联网大会上表示："移动互联网的特点之一就是二维码将连接线上线下"，这是一个关键入口。

除了天时之外，行业本身巨大的想象空间为企业提供了重要机遇。一方面，手机屏幕有限，输入和展示都不够方便，二维码扫描则可快速访问信息源，这给二维码提供了机会，甚至有人称二维码的重要性如同搜索引擎之于互联网；另一方面，也可通过二维码掌握移动互联网的入口，并可衍生出多种应用，比如消费者拍码购物，支付宝的二维码支付工具等，以此完成线上线下的整体性贯通。这也成为众多企业的另一层图谋，微信的布局就在这里。

2. 成功的二维码设计

客户绝对不是为了扫二维码而扫二维码。二维码在体验上，像是实体世界的URL（统一资源定位符）。跟URL相同，你很难透过URL告诉客户这里面有什么，因为通常客户不是由于"记住"你的URL而来的，而是透过别处的链接进来的。

所以你必须告诉用户二维码里面有什么。人们不可能点击那种只有链接却不提示内容的链接，同理，二维码也是一样。在不知道里面有什么内容的情况下，你很难让用户拿起手机扫描。如果里面是购物页，你应该要在二维码旁边说明这里面是购物页。

你的二维码要放对地方，别让用户扫描不到。很多厂商在做了二维码后，就铺天盖地把同一个二维码放到所有可以放的地方，店头也放、平面广告也放、户外广告也放……这除了可能会有内容不合适的问题外，还会衍生出一个问题：你的二维码用户可能根本扫不到！

美诺币创意二维码

在2012年广州网货交易会上，美诺彩妆给我们带来了一场精彩刺激的"抢钱"活动。众所周知，网交会是从线上走到线下再回到线上的O2O创新展会，是厂商网上分销商的重要平台，显然，对于分销商来说最关心的就是"财富"。抓住分销商的心理诉求，美诺彩妆奇思妙想——现场发钱，不过，发的不是人民币，而是独创的美诺财富币。

美诺财富币是以海外国家和地区的货币为蓝本，重新设计，将美诺元素和创意二维码融合到美诺财富币上，持有美诺财富币不仅可以享受分销支持优惠，用手机扫描、收藏美诺二维码，还可以获取百元美诺彩妆淘宝天猫商城的兑换券，在广交会现场登录美诺天猫商城，了解美诺彩妆产品详细信息，方便快捷。

图3-1　美诺币创意二维码

第 4 节　粉丝经济——微博营销

微博是一个基于用户关系信息分享、传播以及获取的平台，用户可以通过各种客户端组建个人社区，以 140 字左右的文字篇幅更新信息，并实现即时分享。微博营销即以微博作为营销平台，企业利用自己的微博平台向网友传播企业信息、产品信息，树立良好的企业形象和产品形象，达到营销的目的。

2013 年，是中国微博发展的转折之年，用户规模和使用率均开始下降。截至 2013 年 12 月，中国手机微博用户数为 1.96 亿，手机微博使用率为 39.3%，均较 2012 年年底有所降低。微博似乎在被微信步步蚕食，但仍是营销的重要阵地。

1. 微博营销的主要形式

微博最大的特点就是：发布信息即时，信息传播速度快。微博具有很强的媒体属性，像一个大广场，人人都可以发言，信息可以得到迅速的传播。但缺点是，这也可能会导致谣言泛滥。利用好微博，特别是它的一对多、高速传播的特性，是营销人员需要修炼的重要技能。

（1）官方微博（微媒体）。微博是官方的，传播的内容也是官方的，内容正式，是一个展示企业品牌形象的低成本媒体。

（2）企业领袖微博（微传播）。企业高管以个人名义注册，企业如果能将他塑造成行业的"意见领袖"，对品牌的传播将起到很好的作用。

（3）客服微博（微服务）。用来与客户进行实时沟通和互动，缩短了企业应对客户需求的响应时间，并可以想办法把客户引导到社区"沉淀"下来。

（4）产品微博（微公关）。用于危机监测，在出现负面信息或发现消费者不满时能快速处理，如遇到企业危机事件，可通过微博对负面消息及时进行正面引导。

（5）市场微博（微营销）。通过微博组织市场活动，引导用户通过微博链接进入购物网站进行选购。

2. 微博营销的技巧

（1）注重价值的传递

没有人会无缘无故地关注你，即便仅需要轻轻点一下鼠标。人们关注你，只有一个原因，那就是你提供了有价值的信息，或者你能为人们创造价值。企业博客经营者首先要改变观念，企业微博是一个给予平台，能给浏览者创造价值，企业微博才可能达到预期的商业目的。

（2）注重微博个性化

微博的特点是"关系"和"互动"，因此，越是个性鲜明，越能吸引喜欢这种个性的人，这和品牌与商品的定位一样。在互联网时代，注意力是稀缺资源，你必须塑造个性，这样的微博才能具有黏性，可以持续积累粉丝与注意力，这时你才有了独特的魅力与不可替代性。

（3）注重发布的连续性

微博像一本电子杂志，如果你定时、定量、定向发布内容，就会让大家养成观看习惯。当用户登录微博后，就想看你的微博有什么更新，这无疑是成功的最高境界，虽然很难达到，但我们应该尽量争取出现在用户面前。

（4）注重互动性

微博的魅力在于互动，拥有一群不说话的"僵尸粉"是很危险的，他们不理、不看，最后肯定会离开。因此，互动性是使微博持续发展的关键。

"活动内容＋奖品＋关注（转发/评论）"的活动形式一直是微博互动的主要方式。一般来说，奖品肯定比你想宣传的内容更吸引粉丝的眼球。你需要追求的是情感与"奖品"的共存。如果你在微博上能认真回复留言，用心感受粉丝的思想，不过多宣传企业信息，多提供粉丝感兴趣的内容，那么取得粉丝情感上的认同就是水到渠成的事，宣传目的也会因此自然地达到。

(5) 将微博纳入整体营销规划

单做微博是不可能成功的，微博有自身优势，也有其局限性。所有营销工具要进行综合系统的考虑，企业想要使微博发挥更大的效果，就要将其纳入整体营销规划中来，这样微博才有机会发挥更多作用。

(6) 100个"铁杆"粉丝远远超过10000个"僵尸粉"

微博粉丝众多当然是好事儿，很多企业微博人数已过万，但转载、留言的人却很少，宣传效果并不明显。因此，对于企业微博来说，粉丝"质量"更重要。因为企业微博最终的商业价值，就是要转化有价值的粉丝成为忠实客户。

在微博定位上，一定要定位目标消费群体，不然就是"赔本赚吆喝"！

(7) 企业微博专业化

在一堆竞争者中同场竞技，只有专业才可能超越对手，持续吸引关注目光。专业是一个企业微博重要的竞争力指标。

要么专业，要么不做。作为一个"零距离"接触的交流平台，不良的用户体验很容易被迅速传播开，给企业带来不利的影响。

(8) 注重控制的有效性

微博不会飞，但是传播速度却快得惊人，当极高的传播速度结合传递规模，所创造出的惊人力量有可能是正面的，也可能是负面的。因此，必须有效管控企业微博这把"双刃剑"。

(9) 注重方法与技巧

想做好企业微博，单纯在内容上传递价值还不够，必须讲究一些技巧与方法。比如，你的博文可以进行开放性的提问，带有悬念，甚至能引发争议，这样粉丝就可能思考、回复、参与互动。但新闻稿一样的博文，会让粉丝想参与都无从入手。

3. 微博营销的操作流程

企业进行微博营销，一般需要经过以下流程：

（1）微博定制

官方认证加 V、微博模板设计、建立微群、建立微刊、建立微卖场、建立微活动，以及提供客服等。

（2）微博运营

原创微博撰写、热点微博转发、重点微博维护、重大节日及活动定制模板设计、精准筛选并寻找重点客户关注、实时抓取行业信息、实时抓取追踪分析行业竞争对手走向等。

（3）微博推广

可考虑请"草根"达人转发、意见领袖转发、文化名人转发、人气明星转发等。

（4）定期举办微博活动，有效利用事件炒作

微博活动和事件炒作所针对的内容不同，但运作过程基本一致，一般包括：前期主题活动方案策划、后期活动信息发布收集、活动亮点转发、评论（产生新的微博内容）、"草根"领袖微博转发、明星红人微博转发、活动信息关键词监控、客户释疑、澄清、声明等（注意更新微博内容，回复@及私信）。

（5）应用微博 App

企业微博营销时，所运用的微博 App 主要包括三种：标准版、资讯版、商业版。企业应根据营销目的和需要选择其中一种或几种。

（6）定期进行微博信息监测

主要包括：

① 舆情监控：站内负面监控；

② 信息分析：微博站内热词监控及分析；

③ 竞品分析：同行竞争对手的监控；

④ 效果分析：评测微博对品牌提升和销售增长的影响；

⑤ 优化方案：优化微博的内容策划、互动方式、社交关系。

(7) 及时进行危机公关

这里指的是发现危机、及时处理；跟踪信息、迅速引导；化解误会、保留证据。

(8) 适当的微博广告投放

根据活动策划、事件营销及企业发展实际、制定高性价比的微博广告投放策略。

(9) 微博整合其他渠道营销

4.51 信用卡管家的植入营销

51 信用卡管家最初的名字叫 51 账单。这个应用在短短 50 小时之内，只花了 150 元，便获得 500 万次曝光，App 排名 TOP40，这是如何做到的？

"看了闺蜜的手机，瞬间想嫁人了。这是他老公出差前帮她设置的……"出自 51 账单一名爱妻达人@潭理想的手笔。在策划时，艺术创作源自生活：他老婆怀孕了。策划好方案后，Icon（图标）放在淘宝左边还是右边，也让 51 账单的 CEO 孙海涛纠结了半天。

图 3-2　51 账单

创意完成以后，找到@最风尚的一个小编，他看了说建议我们先让下面一个小号转发看看效果。如果能有60多次转发就不错了。结果发布出去几分钟后，就有200次转发量了。小编很激动。于是海涛立刻开始投入造势，号召全公司同事来转发，海涛也向qq上500个好友一一发转发邀请和链接。一直到"草根"大号@冷笑话精选转发后，瞬间就有2000多次转发，引爆点终于来了。

很快孙海涛又来了一个策划，就是按照桌面图标的各类应用虚构了一个貌似他们自己的转发内容是"有我+鼓掌"。其实只是一个小技巧，没想到很多人误以为真，于是大家都在转发。仅这个帖就转发@51账单达3万次，后来淘宝也转了，支付宝也转了，金山电池也转了，京东商城也转了，连新浪微博Iphone客户端也转了。于是这次转发成了互联网上知名官方微博参与度最高、最默契的案例。网友戏称："官皮集体卖萌"。最高潮的内容是网友制作的，他虚构了一个@中国移动：没我+哭泣，这个又激发了无数好事者来嘲笑中国移动。我要是中国联通，我也会转的。

整个活动，所有转发的大号粉丝加起来肯定过2亿了。一共有30万次左右的转发水平，估算下来至少有500万次的曝光率。

案例点评：这个案例给大家的第一个启示是，一定要制造出能触动人心的优秀创意。第二个启示是，一旦微博运营者发现一个可以引爆流行的机会，应该立刻乘胜追击，从"战役"上的胜利转换到整个"战争"的胜利。所以孙海涛整个团队在QQ上一个个去找朋友点评转发，是非常必要和有用的，这可以引爆更大的流行。

后续发展：微博的长尾效应依旧发挥，51账单一度占据App Store生活排行第37位，没有刷榜，只花了150元，其中一度由于账单解析服务器并发量过多，几近"休克"。后来孙海涛发文和大家分享了这个营销案例。51账单在孙海涛的带领下成为创业公司不烧钱、拼脑筋的一个典范。现在51账单更名为51信用卡管家，向着更高的目标迈进。

第5节　玩转朋友圈——微信营销

既非原创，又不具备首发优势的微信，一年的野蛮生长，竟远远超越对手，很快从一个简单的 IM（即时通信）工具变身为一个平台，融合了电商、社交、媒体。

微信作为一个 IM 工具，不存在距离的限制，用户注册微信后，可与同样注册的"朋友"形成一种联系，而且在很长的一段时间保持着联系，除非他更换微信号码。

微信还可以作为一种媒体工具，用户通过微信公众平台，订阅自己所需的信息，商家通过提供用户需要的信息，推广自己的产品，实现点对点的营销。

微信还可以成为一个电商平台，微商和微信支付已经打造了一个相对完整的电商生态链。

微信还有一个重要的特点——可能成为"消费社区"载体。消费社区是消费者在决定消费什么以及怎么消费的过程中自发产生的一种无形的社区。在这个"消费社区"里，消费者对品牌的情感成为联系纽带。这是一个比较长期的、稳定的群体，也是企业如今线上线下结合的主要渠道。现在微信作为移动端最重要的入口和平台，已经成为最好的"消费社区"载体。在其中，品牌与消费者充分互动，提供有价值的服务，构建和消费者之间强有力的关系，并最终通过交易支付实现粉丝经济，这才是微信营销的定位。

从现阶段看，微信营销主要做什么呢？虽然个人微信号中的诸多功能，如漂流瓶、附近的人、朋友圈等都可以利用起来做营销，但对企业来说，微信营销的重点还是微信公众平台。所以，讲微信营销要基于微信公众平台之上。

微信公众平台有两种：订阅号和服务号。相对而言，服务号的功能较订阅号更多，主要强调服务功能，而订阅号则是强调推送消息。服务号可以发起线上活动，可以进行在线互动。从这里就可以看出，微信服务号的功能更多样化，可以更好地满足用户体验。

1. 微信营销的特点

（1）点对点精准营销

设想这样一种场景，你准备做一个暑期小学英语培训班，你需要这样的用户：住在你附近5公里，有孩子在上小学。你需要这样一种媒介：你的信息一定能送到用户面前，你可以让用户了解海量信息，包括文字、图片、声音、视频，如果合适，用户就可以直接下单购买你的教育产品；如果还有疑问，用户可以随时联系你进行咨询。当然，这种营销工具还要便宜。能实现这些想法的，现在看来，就是微信。微信拥有庞大的用户群，移动终端永远在线，并拥有天然的社交和位置定位等优势，每个信息都可以进行个性化的推送，每个个体都能接收到这些信息，从而帮助商家实现点对点精准化营销。

（2）形式灵活多样

① 公众平台：在微信公众平台上，每个人都可以申请开通自己的微信公众账号，并在微信平台上实现和特定群体的文字、图片、语音的全方位沟通和互动。

② 开放平台：通过微信开放平台，应用开发者可以接入第三方应用，还可以将应用的LOGO放入微信附件栏，使用户可以方便地在会话中调用第三方应用进行内容选择与分享。比如女性时尚电子商务平台"美丽说"的用户可以将自己在"美丽说"中感兴趣的内容分享到微信中，可以使一件"美丽说"的商品得到不断的传播，进而实现口碑营销。

③ 二维码：企业可以方便地设计自己品牌的二维码，用折扣和优惠等方式吸引用户扫描，吸引用户关注，开拓O2O的营销模式；用户可以方便地通过扫描识别二维码身份来添加朋友、关注企业账号。

④ 位置签名：商家可以利用"用户签名档"这个免费的广告位为自己做宣传，例如："××小区一对一辅导"，这样附近的微信用户就能看到商家的信息。

⑤ 漂流瓶：用户可以发布语音或者文字然后放入漂流瓶，如果有其他用户"捞"到则可以展开对话，如招商银行的"爱心漂流瓶"用户互动活动就是个典型案例。

（3）强关系的机遇

微博是弱关系，微信则是强关系。强关系形成的是"朋友"，你不会相信陌生人，但是会信任你的"朋友"。微信的点对点产品形态，使我们可以通过互动的形式将普通关系发展成强关系，从而产生更大的价值。通过互动的形式与用户建立联系，例如聊天、答疑，甚至可以"卖萌"，你可以通过各种形式让企业与消费者形成"朋友"的关系。

2. 微信与微博

微信与微博到底是不是一个同样的东西？微博的运营步骤、技巧是否可以用于微信？微信会不会取代微博？对于这些问题，在我们看来，两种工具有着截然不同的特性，所以运营思路也应该有所区别。而且，如果我们有针对性地使用两个平台，他们甚至可以形成互补：微博完成横向的传播使命，微信完成纵向的深入互动。

表3-1 微信微博比较

	微信	微博
平台属性	偏向社交性质	偏向媒体性质
用户关系	点对点，对等双向	点对面，非对等关系
传播方式	内容私密，闭环传播	内容公开，开放扩散
媒体定位	订阅、精确	信息多样、海量
互动特性	自动回复、人工回复	非指向性回复
时间特点	瞬时信息发布	差时信息传播
移动属性	为移动而生，占领碎片时间	可以移动
内容形式	音频、视频、图文、消息、第三方应用	文字、图片、影视、音乐
转化率	信息推送，信息到达率100%	实时性，信息传递转化率低
关系效果	深社交、精传播、强关系	浅社交、广传播、弱关系

从上表可见，两者的差异还是很大的，互联网营销人员在运营思路上，应针对两大平台的不同特性综合运用，通过两大平台的联动达到 1 + 1 > 2 的效果：以微博传播导入，以微信深度互动实现沉淀。

3. 微信公众平台入门

微信公众平台，曾被命名为"官号平台"和"媒体平台"，最终定位为"公众平台"，目前还在不断优化中。和新浪微博早期从明星战略着手不同，微信此时已经拥有了亿级的用户，挖掘自身用户的价值，为这个新的平台增加更优质的内容，创造更好的黏性，形成一个不一样的生态循环，是微信公众平台发展初期的方向。利用公众平台进行自媒体活动，简单来说就是进行一对多的媒体行为活动，如商家通过申请微信公众服务号实现商家微官网、微会员、微推送、微支付、微活动、微报名、微分享、微名片等功能。目前微信公众平台已经形成了一种主流的线上线下互动营销方式。经调查，截至 2015 年上半年，微信公众平台账户已经超过 1000 万个。

（1）操作入门

主要价值：在微信公众平台上，企业可以更好地提供点对点服务，让顾客的满意度提升。在微信公众平台运营方案上，可以采用第三方开发者模式，也可以直接进行简单的编辑发布。无论你用哪种办法，我们的建议是应该以内容取胜，不要随意去"刷"粉丝，否则容易被"封号"。

群发推送：主动向用户推送重要通知或趣味内容（服务号和订阅号发送数量和显示方式不同）；

自动回复：用户根据指定关键字，主动向公众号回复，以提取常规消息；

一对一交流：公众号针对用户的特殊疑问，为用户提供一对一的对话解答服务。

（2）账号申请

登录微信公众平台，进行微信公众账号注册。申请的中文名称是可以重复的，你不需要担心平台上会有人抢注了你的微信公众号，但是微信号是唯一的，且不可以修改。

确认申请微信公共账号后，就会进入微信公众平台的后台。

后台主要有实时交流、消息发送和素材管理等模块。用户对自己的粉丝可进行分组管理，发布消息和交流都可以在这个界面完成。

（3）平台类型

2013年8月5日，微信公众平台进行升级，将微信公众平台分成订阅号和服务号两种类型。

服务号旨在为用户提供服务，一个月内仅可以发送一条群发消息。服务号发给用户的消息会显示在用户的聊天列表中。并且在发送消息给用户时，用户将收到即时的消息提醒。

订阅号为用户提供信息和资讯。在用户的通信录中，订阅号将被放入订阅号文件夹中。订阅号发给用户的消息，只会显示在订阅号文件夹中。在发送消息给用户时，用户不会收到即时消息提醒。订阅号每天可以发送一条群发消息。

平台运营主体可在注册的时候选择成为服务号或者订阅号。之前注册的公众号，默认为订阅号，但可升级为服务号。

（4）发布方式

最常见的发布和订阅方式是二维码，你可在设置中找到一个二维码，品牌ID会放到二维码的中部，发布出去，用户扫描即可添加微信公众号。

通过微信号进行订阅，在微信上直接点按"添加朋友"—"公众号"，输入"公众号名称"就可以查找并关注您感兴趣的内容。这种方式不太好用，原因是有些微信公众号名称是英文数字结合组，并不利于记忆和查找。

还可以通过发送名片的方式把你喜欢的微信公众账号ID发送给朋友。

（5）消息推送

普通的公众账号可以群发文字、图片、语音、视频等内容。

通过认证的账号有更高的权限，能推送形式更漂亮的图文信息。这类图文信息可以是单条的，还可以是一个专题。

4. 常见的微信运营步骤

（1）竞争对手分析

知己知彼，百战百胜。我们必须了解竞争对手的动态，了解他们的优势，优化他们的方法为我们所用，了解他们的弱势，用我们的优势填补空白。

（2）定位

在做微信之前必须分析清楚自己微信号的定位，清楚自己的微信公众号要给用户提供什么，并以此正确地做出抉择，如选择服务号还是订阅号。认清目标受众是谁，有什么样的风格或者格调。

（3）微信内容的选择范围和标准

全面了解微信上目标受众的需求和偏好，内容的选择要与目标受众的关注点相关，核心内容要与企业相关，文章要紧跟热点，简单明了，生动有趣，图文并茂。

（4）消息的推送

对上班族来说，上班途中、中午时间、下班途中、睡觉之前是较好的消息推送时间。要充分利用上班族或其他喜欢玩微信人士的休息时间推送消息。

（5）微信互动

尽量把用户从顾客、潜在顾客变为自己的朋友。通过活动奖品和名人明星话题等来吸引注意力，通过提出话题或问题来征求用户的意见和关注，通过像朋友间聊天一样的开放性话题促进和用户形成朋友关系。

（6）人工服务

人工服务或自动回复要及时。微信是一对一互相关注的。如果用户向你发信息得不到回复，他们就可能取消对你的关注，所以人工回复要及时。同时，做好精准的关键词自动回复也很重要，它能指导用户了解你的企业，以获得用户的信任和持续关注。

第 3 章　决胜指尖——移动媒体营销（MMM）

本章重点、难点分析

（1）App 的推广方法及效果的数据分析。
（2）微博营销的特点和操作流程。
（3）二维码的核心用途。
（4）微信公众平台营销。

本章小结

移动媒体从诞生那刻开始，就牢牢地把每一个用户连接在一起。随着移动互联网技术的发展，网络营销已开始从 PC 端转移到移动端，移动营销将是未来竞争的主战场。

本章主要介绍了 App 营销、微博营销、微信营销的特点，主要形式及实施步骤，以便读者全面了解这些新兴的移动端工具，同时，也对使用这些工具的技巧进行了分析。

本章思考题

（1）App 常见的推广方法有哪些？
（2）微博营销的特点和操作流程是什么？
（3）二维码在未来移动营销中的主要作用是什么？
（4）微信公众平台营销的操作步骤。

第4章
战斗在淘宝、京东上
——电子商务平台营销（EPM）

过去的商战在地上，未来的商战在网上，常见的PK在电商平台上。

——作者

第 1 节　电子商务平台

对于大多数中小企业来说，自建电商平台需要投入巨额的资金，还要专业的技术团队来运营维护，这是让他们望而却步，转而使用电商平台的原因。其实还有一个更重要的原因，"自建 B2C 网站很难做到有足够的客流支撑。电子商务有句行话叫作 Winner Take All，即赢家通吃。这是因为网上没有地域上的制约，所以在每个领域和每个品类，最多也就 2~3 家能够发展存活下去。"当当网前 COO 黄若如是说。

在他看来，一个比较好的办法是，"对于传统企业有利的机会：现有的几家有些规模的 B2C 网站都在做平台开发，都想极力地邀请商家入驻。传统企业通过借助现有成熟的网络平台，可以集中精力做营销、服务和物流配送，这是他们本来的强势所在。"

这里所说的电子商务平台（E-Business Platform），是建立在互联网上进行商务活动的虚拟网络空间，一个保障商务顺利运营的管理环境。企业、个人可充分利用电子商务平台提供的客流量、网络基础设施、支付平台、安全平台、管理平台等共享资源有效地、低成本地开展自己的商业活动。我们常见的购物网站，如淘宝、天猫、京东、一号店、亚马逊等都是这样的电商平台。

1. 常见电子商务平台分类

（1）B2C 平台

企业一般选择 B2C 平台（Business to Customer）为网上销售的第一平台。如果企业资金到位，一般几个常见的主流平台都会纳入选择，因为每个平台都有广泛的客户群体，尽管不尽相同。

第 4 章　战斗在淘宝、京东上——电子商务平台营销（EPM）

（2）独立商城

独立商城是一种独立网店，它是一个企业自建的含有顶级域名的 B2C 网站。开设独立网店的优点为：

拥有顶级域名，比二级域名容易记忆和推广。

① 形成自有品牌，您的网店有可能就是下一个"当当网"。

② 树立企业形象，不会让客户认为您是个体小店铺，增强客户的信任感。

③ 避免恶性价格竞争，如同现实中的品牌专卖店，可以避免竞争对手恶意竞价。

④ 自主管理商城，可以根据需要设计符合商品行业特性的页面，设计漂亮专业的网店页面。

⑤ 不受第三方平台规则的约束。

（3）C2C 平台

C2C（Customer to Customer）平台上，目前淘宝网具有不可撼动的领先地位。个人从事电商，可以先尝试淘宝网、易趣网等。

（4）CPS 平台

CPS（Cost per Sale，以实际销售产品数量来计算广告费）模式具有零风险优势，虽然广告费用高，但这种推广模式广受欢迎，因为一般的广告推广很有可能花了大价钱而造成很低的转化率，但是 CPS 是产生了销售额才会付佣金，ROI 较高。

（5）O2O 平台

O2O（Online to Offline，线上线下电子商务）平台具有较高的性价比，可把线上的消费者带到现实的商店中去。消费者可以进行在线支付或预订线下的商品、服务，然后再到线下去享受服务。

（6）银行网上商城

初期，为了方便信用卡用户的分期付款，许多银行开设网上商城。银行网店为用户提供了积分换购、分期付款等服务和优惠，也覆盖了支付、融资、担保等全方位服务，因而使很多商家获得了展示、销售产品的平台和机会。

2. 第三方电子商务平台

对于创业者来说，第一个要选择的是到淘宝、天猫、京东等商城开店，还是自己建设独立的 B2C 商城？

许多企业直接的选择是淘宝、天猫、京东等第三方电子商务平台。这些平台具备如下优点：首先，这些平台都很专业，具有很强的服务功能，同时具有"公用性"和"公平性"；其次，信息流、资金流、物流三个核心流程能够很好地运转；再次，电子商务平台还能保证交易双方的合法性与诚信，如果双方有争议，也可以通过第三方交易平台公正处理。

在开放的网络环境中，来自世界各地的消费者或商家在买卖双方不谋面的情况下，在网络上进行着各种商贸活动，许多大型的第三方电商平台帮助消费者实现网上购物、网上交易以及在线电子支付，甚至完成各种商务活动等。

第 2 节　网上开店

在电子商务中，网络零售是最常见的，通常是指个人或者企业利用网络来销售产品或服务。网络零售包含新兴的网上商店和传统企业上网两种形式，网上商店多是个人创业的成果，传统企业上网则是传统企业向电子商务挺进的前奏。而这两种形式都有一个共同的起步，即网上开店。

网上开店，狭义地说就是经营者在电商平台上注册一个虚拟的网店，然后在网页上发布待售商品的信息，顾客可通过浏览这些商品信息完成查阅，然后通过网上或者线下支付方式向商家付款，最后商家通过邮寄等物流方式，向顾客发送商品。

第三方电商平台，如淘宝网、苏宁易购、亚马逊、京东、天猫、一号店等，它们的基本内容是相近的。在这里，我们将以淘宝为例，来学习电商平台营销的理论与方法。

1. 你要知道的淘宝、天猫、京东等电商平台

淘宝、天猫均是阿里巴巴旗下企业，二者主要有着如下区别：

（1）品牌区别。天猫像一个品牌集合商城，B2C；而淘宝更像一个集市，C2C。

（2）商家的区别。淘宝网店铺进驻门槛低，所有人都可以开，而天猫需要作为公司进行注册。开淘宝店不需要缴纳什么费用，而入驻天猫商城则需要缴纳保证金（至少1万元）。当然，淘宝店也可以通过缴纳保证金自愿加入消费者保障服务中。

（3）正品保障。天猫上的店铺，如果标明销售某个品牌产品，在入驻的时候，天猫官方会专门对这个店铺是否有该品牌的销售权进行审核，检查如品牌代理资格、专营资格以及购货渠道等。而淘宝则无须进行审核。

而近几年崛起的京东商城主要有如下特点：

（1）对入驻的单位要求严格，如必须具有相关资质的单位才能入驻。

（2）自建仓储。

（3）自建物流，可由京东代发货。

（4）信任度较高，售后有保障。

除此以外，苏宁易购、国美系（库巴、国美）、当当、易迅、一号店、凡客、唯品会等也是国内各有特点的电商平台。

2. 淘宝开店的常用工具

（1）在线沟通工具：阿里旺旺

"阿里旺旺"是一个免费网上商务沟通软件，是淘宝和阿里巴巴为商家量身定做的 IM 软件，可帮助用户轻松找寻和管理客户、发布和管理自己的商业信息等，可安装在电脑或手机上，随时和客户沟通洽谈。

（2）在线支付工具

淘宝上的在线支付工具以支付宝为主。目前国内的在线支付主要有两种形式：一是依托大型 B2C、C2C、M2C 网站的支付工具，如阿里公司的支付宝、腾讯公司的财付通等；二是第三方支付平台，如快钱、拉卡拉等，它们把多种支付进行整合，如网上支付、电话支付、移动支付等。

（3）店铺管理工具：淘宝助理

"淘宝助理"是一款免费客户端工具软件，它可以快捷批量上传宝贝，无须登录淘宝网即可对宝贝信息进行编辑，是上传和管理宝贝的一种店铺管理工具。

（4）数据分析工具：数据魔方

"数据魔方"是淘宝官方出品的数据分析工具，主要提供行业数据分析、店铺数据分析等。其中包含了品牌、店铺、产品的排行榜、购买人群的特征分析，包括年龄、性别、购买时段、地域等。数据魔方还提供"淘词"功能，淘词可以分析行业的热词榜，随意查找关键词，诊断宝贝标题，帮助使用者及时更新关键词，优化标题引流量。

3. 物流配送

电商物流配送，是指对下订单后的商品进行配送，包括包装、发货、配送，以保证商品及时交至顾客手中。电商物流配送模式通常包含两种：第三方物流模式、企业自营物流模式。

（1）淘宝的第三方物流模式

2005 年，淘宝开始采用推荐物流。当时包含的推荐物流主要有邮政速递、圆通速递、宅急送和风火天地（只限上海同城）四家。推荐物流最大的好处就是淘宝可以加强对物流的控制力。通常物流公司在进入淘宝的推荐物流名单之前，需签订相关协议，如约定服务价格、内容和方式等。

目前，淘宝的推荐物流已经转为淘宝网自己管理，随后申通 E 物流、中通速

第 4 章　战斗在淘宝、京东上——电子商务平台营销（EPM）

递、天天快递和韵达快递等物流公司也加入了推荐物流。进入淘宝推荐物流具有较高的门槛，如业务覆盖范围要大，市场占有率要高等。在不久的将来，一些高端的国际物流公司也会逐渐被纳入推荐物流。

淘宝推荐物流具有网上直连物流公司的功能，全部网上操作，无须打电话联系物流公司；价格更优惠，可以使用协议最低价和物流公司进行结算；赔付条件更优惠，淘宝与物流公司协议了非常优惠的赔付条款；赔付处理更及时；订单跟踪更便捷；可享受批量发货、批量确认的功能；可享受阿里旺旺在线客服的周到服务；日发货量超百单，还有特别的定制服务等优势。

（2）京东商城物流配送模式

京东商城采取自营物流和第三方配送相结合的模式，其中以自营物流为主，第三方配送为补充，可满足自营商品和入驻商家的物流配送要求。

京东商城建成了满足其自身需求的物流配送体系。由于京东具有自身的物流配送体系支持，所以配送速度很快。京东推出了在北京下单商品 3 小时内送达，而且承诺部分省市当日下单次日达的配送服务，同时支持顾客上门自提。

京东在没有自建物流的地方，利用第三方物流配送体系，也保证了企业商品的可送范围。

第 3 节　店铺装修，"颜值"提升销量

1. 了解网店装修

网上购物中，视觉信息是最主要应用或者说最能应用的手段。店铺装修，提高"颜值"，是每个网店必须注意的问题。视觉营销吸引的是眼球，激发的是购物欲望。

网店装修就是在网店平台上，通过图片、程序模板等技术装饰使得店铺更加

丰富美观，提高功能性。

以淘宝店为例，分两种装修："普通店铺"和"淘宝旺铺"，"普通店铺"有着固定的结构，只能做一点小装饰，而且功能性不强。而"淘宝旺铺"功能则比较强，装修如何关键就看商家自己的创意和技术了。

对于店铺装修，需要注意以下几点。

第一，普通店铺是否请人装饰，这要看店主自身的具体情况。个人很小的普通店铺没有必要请人装修，因为发挥的空间小，如果会简单的修图，那么一开始自己装饰一下就可以了，不必花费这笔银子。

第二，如果是新手，没有相应的技术基础，旺铺的装修可以交给专业的团队操作，不用占用店主太多精力。

第三，装修要选能看得见外观的模板，什么色调、怎样组合、今后要用上哪些功能，可以参考做得好的旺铺如何装修，这样可以为产品页面增色不少。

第四，决定装修前，店主需要和装修队充分沟通，对方的团队必须要懂得平面设计，否则最后装出来的效果可能根本无法达到你的要求。如没有较高的平面设计水准，装修队充其量是一些网络技术人员，这样的装修结果可能根本无设计创意可言。

如果自己装修，店主需要以下必备技能：

首先，处理图片的能力。只有让人眼前一亮的图片，才能让网店更具吸引力。店主所掌握的这一技能不仅会在装修的过程中带来帮助，而且也能在以后设置宝贝详情页的时候，产生巨大的助力。

其次，一定的动画技巧。在自己的网店中添加一些动图，效果会更好。

最后，能够熟练应用店铺装修模板。

2. 使用淘宝旺铺

"淘宝旺铺"是淘宝为卖家提供的一项增值服务功能，提供更专业、更个性的店铺页面以及更强大的功能，这些对塑造店铺形象，打造店铺品牌有着重要作用。

第4章 战斗在淘宝、京东上——电子商务平台营销（EPM）

目前旺铺功能已对全体淘宝卖家开放，不论是刚刚接触淘宝的新手店铺，还是老手的淘宝行家，都能够订购旺铺功能。

淘宝旺铺又分为两种：付费旺铺和免费旺铺。

（1）付费旺铺

购买后可以享受旺铺的服务，而且还获赠 30M 图片空间。付费旺铺可以提升宝贝浏览量，更好地留住买家；宝贝图片更大，店铺更漂亮；旺铺卖家还可获赠 10G 图片空间等。

（2）免费旺铺

免费旺铺只对 1 钻及以下卖家开放订购，目的是扶植低星级卖家成长。相对于标准版，免费旺铺固定了店铺首页的模块，而且不赠送图片空间服务。

3. 使用淘宝助理编辑并上传宝贝

"淘宝助理"是淘宝的一个免费上传和管理宝贝的店铺管理软件，它最大的特点是不登录淘宝网就能直接编辑宝贝信息，然后快捷批量上传宝贝。

首先打开自己的淘宝助理，输入账号密码。如果你是第一次登录的话，需要输入网店账户信息即可以登录；

登录后，查看"本地库存宝贝"和"出售中的宝贝"。如果你是首次登录，点击"本地库存宝贝"，进入下一个页面；

点击"导入 csv"，这个 csv 为你所下载的数据包中的一个包含着图片信息的表格；

点击完"导入 csv"之后就会出现一个对话框，选择你准备上传宝贝的那个数据包，打开，找出它的 csv 文件，点击确定即可。

数据导入完毕，在工具栏中选"批量编辑宝贝"，进行宝贝编辑。需要编辑的有：名称、运费承担改为买家承担、邮费模板。

将宝贝全部编辑后点击右键，全选、勾选，点击"上传"。

第4节 直通车"驾校"

1. "开车"基础

淘宝直通车是由淘宝网和阿里巴巴集团下的雅虎中国整合推出的一种全新的搜索竞价模式。它的搜索结果不仅可以在雅虎搜索引擎上显示，还可以在淘宝网上以全新的图片加文字的形式充分展示。每件商品可以设置20个关键字，卖家可以针对每个竞价词自由定价，还可以看到排名位置，并按实际被点击次数付费。

影响直通车质量得分的要素主要包括：

（1）关键词：添加关键词时，选择和宝贝所属类目、属性和标题相关的关键词，这样质量得分会有较高的分值。

（2）宝贝标题与图片：提高图片和详情页面质量，增强宝贝本身的吸引力，增加点击率。

（3）推广信息的客户反馈或者使用感受等信息：常见的是成交、收藏和点击。

（4）宝贝信息：宝贝本身的类目、属性、标题、图片、详情页等信息是否和买家搜索意向相符合。相关性越强，质量得分越高。

（5）其他宝贝的相关因素：如图片质量、是否参加淘宝"消费者保障服务"、是否愿意接受处罚等。

（6）宝贝成交转化率。

2. 直通车账户优化

（1）优化"类目搜索"

① 优化宝贝主图，提高宝贝点击率

直通车推广位置，呈现的内容主要有：主图片、标题、价格。其中主图片最

第4章　战斗在淘宝、京东上——电子商务平台营销（EPM）

吸引人，而且所占的面积最大，因此图片的设计效果影响买家是否愿意点击广告。

② 优化推广标题，提高宝贝点击率

每个推广的宝贝需要设置两个推广标题，且需要定期对两个标题的点击率进行分析，不断去更新点击率较低的标题内容。

（2）推广地域优化

同城推广的产品如果投放全国，则易造成资源的浪费。因此推广受地域限制的宝贝投放在目标顾客城市即可。

例如做旅游产品，推广的精品路线是"港、澳人士游黄山"，顾客的出发城市在港、澳地区，所以只需对港、澳地区投放就可以了。

（3）投放时间优化

24小时是不对的，应该算着时间来"开"直通车。数据魔方可以看到各类目不同的浏览时间、购买时间。你需要结合主营产品的实际情况，选择适合的时间段投放。

分时投放的另一个好处是，如果你的帐户设置了四个推广计划，可以分别按不同的时间对不同的计划进行推广，这样可以更直观地进行对比，得出哪个时间段投放效果最好。

3. 选款优化

（1）初选

在店铺内的众多产品中，要选择几款主打产品作为主推潜力款。在初选时，可采用的如拓展投放、店内集中推荐以及老客户投票等方式；也可以通过人为方式，例如内部员工表决来进行；还可以使用其他考量方式，如首选生产周期短的产品等。通过对不同产品的点击率、收藏率以及投票数等方式进行评选，筛选出一部分潜力产品。注意，选出的产品数量控制在3~5款为宜。

（2）测款

测款是对初选的产品进行销售测试，通过消费反馈综合评估初选的产品，为最终的定款提供数据支持。在测款时，要注意保持"两个一致"：一是一致的流量来源；二是一致的流量质量。同样的流量渠道，流量质量也会不同，容易造成数据指标的误判。

（3）定款

定款就是最后选择哪几款产品作为店铺的主推产品。选择依据是测款得出的数据指标，以此对几款潜力产品进行排序，从而判断哪款产品的表现特别好，具有成长潜力等。最终一般选择1~2款产品作为主推产品来进行推广销售。

4. 直通车点击率优化

点击率可作为评定产品对于客户群体吸引力度、产品市场受欢迎程度的重要指标，而直通车点击率的好坏是影响质量得分相当重要的因素。

提升直通车的点击率有两种方法。

第一种方式：数据提升法

点击率 = 点击量 ÷ 展现量

我们从公式可以看出，虽然没有办法直接提高点击量，但可通过有效展现，展现后被点击的概率很大，则是有效展现，反之是无效展现。

第二种方式：治本法

治本法要传递的信息就是站在客户的角度，怎样能对产品萌发好感，对产品的好感能够对客户的消费行为产生直接影响。

5. 直通车数据

（1）基础数据

它作为直通车用户最常用的基础报表，可以提供多个明细报表，包含账户、宝贝、关键词等信息，参考这些报表更便于了解账户推广的实际状况。

（2）转化数据

它可以对买家通过直通车后的浏览、购买、收藏等行为进行统计分析，通过

第 4 章　战斗在淘宝、京东上——电子商务平台营销（EPM）

参考不同的推广宝贝、关键词的转化情况，进行更合理的调整，同时优化推广方案。

（3）定向报表

为更详细地了解定向推广的数据，可以选择使用定向报表。它可以区分推广宝贝在不同的定向推广位置下的展现量、点击量、点击率等推广数据。

第 5 节　淘宝常用推广方法

1. 淘宝客

"淘宝客"指在互联网上淘东西的网络购物者，他们通过在互联网上数以亿计的商品信息中寻找自己所需要的商品，进行网上购物，他们是精明的购物者。淘宝客其实还特指帮助卖家推广商品并获取佣金的人。

淘宝客推广是一种按成交计费的推广模式，淘宝客只要从淘宝客推广专区获取商品代码，任何买家经过淘宝客的推广，例如链接、个人网站、博客或者社区发的帖子等进入淘宝卖家店铺完成购买后，淘宝客就可得到由卖家支付的佣金。

淘宝客推广方法包括淘宝联盟、卖家、淘宝客以及买家四个角色。它们每个都是购物链条中不可缺失的一环，如图 4-1 所示。

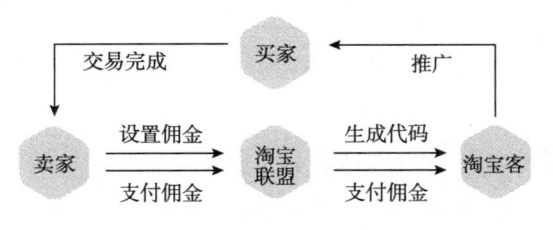

图 4-1　淘宝客关系图

（1）淘宝联盟：一个推广平台，帮助卖家推广产品，帮助淘宝客赚取利润，从每笔推广的成功交易中抽取相应的服务费用。

（2）卖家：支付佣金，提供自己需要推广的商品到淘宝联盟，并设置每卖出一件产品愿意支付的佣金。

（3）淘宝客：佣金赚取者，他们在淘宝联盟中找到卖家发布的产品，并且推广出去，当有买家通过自己的推广链接进店成交后，他们就能够赚到卖家所提供的佣金，其中一部分需要作为淘宝联盟的服务费。

2. 钻石展位

"钻石展位"是淘宝网专为淘宝卖家提供的图片类广告位竞价投放平台。钻石展位可以吸引买家点击，但广告主获取巨大流量主要依靠图片创意，创意的好坏直接决定了展位投放效果。

钻石展位是依据流量竞价售卖的广告位。计费单位为 CPM，即每千次浏览单价，按照出价高低进行展现。

钻石展位为客户提供品牌展位和智能优化两种产品服务。

品牌展位版基于淘宝每天 6000 多万访客和精准的网络购物数据，帮助客户更清晰地选择优质展位，更高效地吸引网购流量，达到高曝光率、高点击量的传播效果。

截至 2014 年，淘宝网已为客户提供近 200 多个最优质展位，包括淘宝网首页、内页频道页、门户、帮派、画报等多个淘宝站内广告位，每天拥有超过 8 亿次的展现量，还可以帮助客户把广告投向站外，涵盖大型门户、垂直媒体、视频网站、搜索引擎、中小媒体等各类媒体展位。

智能优化版是以实时竞价为核心的全网竞价产品，是高效的跨媒体流量中心，可导入更多优质的全网流量，每个流量档位被明码标价。淘宝通过兴趣点定向、访客定向和人群定向技术使流量与广告主进行有效匹配。客户只要提交需求，系统将智能化地帮助您匹配更精准的人群，有效地提升广告主投放的点击率和投资回报率。

钻石展位操作流程一般包括以下步骤。

（1）建立计划

进入钻石展位平台，在"计划管理"中选择新建营销计划/展示网络。建立一个计划。

（2）计划设置

计划名称设定，每日投放预算根据个体预算情况来确定，预算花完计划就停止。

（3）高级设置

点击高级设置，可以看到需要设定投放地域和时间段。如何设定需要看数据魔方的数据。数据魔方提供了所经营品牌的来访高峰期以及购买城市排行榜。选择时间时，应该选择来访时间段高的；选择省份时，避免选择销量较少的省份。

（4）投放方式

投放方式包括尽快投放和均匀投放两种。均匀投放的意思就是，如果预算是500元，选择3个时间段投放，系统会在三个时间段之内均匀投放完毕；而尽快投放的意思就是，可能在开始十几分钟的时间500元预算就消耗完了。

（5）时间测试

所有内容都相同，只有时间点不同。比如计划A选择1点，计划B选择2点，计划C选择3点，以此测试什么时间投放效果更好。

（6）计划单元

一个计划可以设置多个单元，单元的命名最好根据定向来命名。单元一，通投；单元二，设置群体定向；单元三，设置访客定向；单元四，设置兴趣点定向。

（7）创意上传

需要制作多个版本的创意，如果创意通过审核，添加创意，及时进行观察，如果某创意点击量比较高，就采用该创意，并把点击量低的创意删除。

3. 淘金币

"淘金币"是淘宝网的虚拟积分。在该平台上，买家不仅可以兑换、竞拍到全网品牌折扣商品，而且还可以进行兑换、抽奖得到免费商品或者现金。

截至 2014 年，淘宝网注册会员超过 5 亿人，其中 99% 以上都是淘金币用户。淘宝用户消费淘金币对商家来说是一个机遇，因为淘金币对商家来说，是一个重要的 SNS（帮助人们建立社会性网络的互联网应用服务）营销互动平台，可以精准地推广店铺，快速提升品牌。

淘金币只服务淘宝集市卖家，每天 1500 万～2000 万的流量全部流向 C 店卖家（除了淘宝商城以外的全部都是 C 店，不管是否公司经营）。针对品牌卖家，小二（淘宝工作人员）还会给予一对一的个性化服务，不仅能"打爆"单品，也能带动店铺的关联销售。除此之外，在店铺设置了淘金币抵现金的店家，达成的销量可计入日常搜索。

在参加淘金币活动时，需要注意以下问题。

（1）活动上线前，必须谨记规则，制订好一些相应的目标，然后冲刺销量。

（2）活动上线中，一些小细节能够对销量产生影响，比如客服的回复速度、关联销售、发货速度等。

（3）活动结束后，保持销量，保持爆款。

4. 聚划算

"聚划算"是淘宝上的团购网站。聚划算团购服务依靠淘宝的海量用户，已经涵盖了日常生活的各个方面，而且由于丰富的资源平台，能够对店铺进行精准传播，也可以作为淘宝卖家进行新产品推广、尾货清仓以及增加销量的极佳平台。

聚划算参加流程：

（1）报名阶段

签约并选择活动类型，然后填写信息并提单报名。

第 4 章　战斗在淘宝、京东上——电子商务平台营销（EPM）

（2）审核阶段

日常团 5 个工作日，整点聚 15 个工作日。

（3）排期阶段

竞拍模式由商家竞拍排期，其他模式为小二排期。

（4）开团阶段

商家冻结开团保证金，商品发布及开团。

第 6 节　必须了解的其他推广方法

1. 天天特价

"天天特价"主要用来吸引消费者的眼球，它是商家进行促销时所喊的"口号"。

天天特价活动报名时，主要参考主题活动的展示时间，通常以报名入口为准。

第一步：根据入口里的提示，选择可以报名的活动，点击"立即报名"；

第二步：进入招商规则页，阅读完报名要求后，点击"我要报名"；

第三步：在报名页面填写宝贝链接，这时系统会对链接的宝贝页面进行审核，若不符合条件要求，会有提示。

在活动上线前，淘宝系统会检验店铺和商品近一个月内的交易量等数据，交易量须大于十件。若校验后判断不符合活动要求，系统会提示，这时就被取消活动资格了。所以，商家如果计划参加天天特价活动，建议选择近一个月交易量较高的商品进行报名。

2. 常规硬广告

常规硬广告主要位于淘宝网、天猫商城以及各大网站页面，每天高达数亿次的曝光，可吸引用户眼球，具有超高流量和点击率，是整体营销与活动推广的基础性资源。硬广告主要包括淘宝网上的页面焦点图、画中画等。

常规硬广告属于淘宝网大客户营销资源的一部分，它和富媒体、品牌活动与时装周等统称为CPT（Cost per Try，以试玩为付费标准）资源，在快速成长型企业和成熟大品牌营销网店推广中，它们是黄金资源。

3. 试用中心

卖家通常通过提供免费的试用品吸引买家，同时可以产生有效的试用体验报告，不仅能够引入很多优质的流量，还能快速提升店铺价值，引发较好的口碑效应。

卖家参加淘宝试用中心的好处包括：

① 基于数亿消费者需求的营销；

② 优质流量的导入、快速提升店铺和品牌价值；

③ 以试用报告作为基础的网络社区口碑营销；

④ 超过几千万的产品活跃用户。

（1）试用前期准备

① 做好店内关联销售，调动客户的购买欲望。

② 进行较好的店铺装修，避免产生视觉疲劳。

③ 加强对客服的培训。

（2）试用活动执行

抓准用户心理。由于有些客户有着占便宜的心态，因此必须做好关联套餐，这样销售量会有大幅度提升，该营销活动对中小卖家来说是不错的选择。

店铺销量积累到一定数量以后，可以尝试淘金币，这个流量是巨大的，效果也比较好。此外还有集分宝、顽兔社区等。此外，还要关注所对应的类目帮派，一些活动需及时报名。在做好淘宝活动引流的同时，做好店铺装修、促销活动以及关联销售，将使引入的流量得到更好的转化。

4. 淘女郎

"淘女郎"平台不仅打造具有时尚影响力的网络红人和达人，更是让淘宝各大品牌和其他媒介便于寻找到最适合的店铺代言。

加入淘女郎平台，对于商家来说是一个寻找网络模特、推广店铺的营销平台；对摄影工作室来说，加入淘女郎平台的合作机构，能扩大业务，提升声誉；而对于看客，则可得到一个学习服饰搭配、消费娱乐的平台。

5. 淘宝分销平台

淘宝分销平台是淘宝网专为商家提供代销、批发的服务平台，能够快速帮助商家找到分销商或者成为供货商。该平台是完全平等开放的，相应的门槛也较低。直线式的供销平台可以节约成本，如减少商品买卖交易中的各种运费成本以及保险成本，而且帮助商家更快速地获得相关的商品资讯，掌握行业信息，从而尽早占据市场份额。

第一，在分销平台中绑定支付宝账户。企业会员可绑定企业类型/个人类型支付宝，个人会员须绑定企业类型支付宝；

第二，主要经营的范围诸如服装、箱包、配饰、礼品、家居日用等消费品行业；

第三，支持具有一件以上代发能力的小额批发。

开通流程：

第一，填写报名表，申请加入分销平台，然后由相应的工作人员进行初审；

第二，填写相应的分销平台供应商报名资料。通过初审的客户，可于2个工作日内，打开阿里助手里的"交易管理"，找到"开通分销平台"的入口，然后根据相应的提示，提交报名资料；

第三，工作人员于3个工作日内对您提交的报名资料进行审核，然后以页面通知和邮箱的形式通知审核结果；

第四，通过审核后，打开阿里助手中的"交易管理"，可看到"管理分销平台"的菜单。

（1）如何去招募优秀的代理商和经销商

① 合作意向为代理商选择的关键环节

如该客户其他条件都达到要求，但也须满意厂家产品，否则白费心机。因此选择代理商时，不能只盯住一家不放，而是要有针对性地多选择几家。

② 代理商的信誉度不容含糊

做商人信誉是第一，而代理商的信誉直接体现于企业经营行为中，其信誉直接影响到企业的发展。必须选择那些拥有一定渠道网络而且信誉较好的商家，否则宁可不要。当然这个信誉不只体现在与厂家合作过程中，而且体现于是否对终端客户负责。也就是说避免选择那些只考虑企业发展，不考虑其他人利益的商家。

③ 代理商的实力很关键

现在很多厂家选择的合作伙伴均要求现款现货，必须具备一定的资金实力，否则将不予考虑。在裁定客户资金实力时，主要考虑的内容包括：企业产品现状，是否满足公司对客户的保证金、周转金的要求，以及物流配送等要求。

④ 网络辐射能力

合作伙伴需具备较强的网络辐射能力，否则会对产品的上市及销售产生影响。但对于快速消费品而言，在市场上快速站稳脚根固然重要，但也不能只图一时之快迅速地切入市场。要取得长久的发展，后期服务需要跟上。因此在选择代理商时，必须注重网络辐射能力。

当然，影响代理商选择的因素除了上述以外，还需考虑厂家自身实力的大小，厂家的规模、企业的产品结构和营销政策等因素。只有这样，在选择代理商、进行销售渠道控制等方面才能把握更大的主动权。

在实际选择过程中，应根据市场的发展情况，结合本企业实际情况慎重地去选择适合的代理商。

（2）如何去有效管理以及为经销商和代理商服务

① 专人专岗，建立分销商运营团队。做好分销首先必须有专门的分销运营团队，且需要有一个分销负责人。另外做好对分销商或代理商的培训和服务工作也

是关键的，必须主动和他们联系，帮助他们了解推广的商品、品牌以及店铺的活动等。

② 管理分销商。管理分销商具体包括审核分销商、主动邀请分销商和管理分销商。

必须制定一个优胜劣汰的分销政策，使得分销平台在有限的数量内做到最大。需要有分销商详细的联系方式，具体的资料，并能够合理制订个性方案。要有详细的统计，每月、每日、每周都要进行统计，包括分销商都做了什么，达到什么样的效果，培养对象有哪些，哪些应该占据重点的广告位置等。

③ 分销商培训。对分销商的产品培训、设计支持、政策支持和营销需能够达到较好的效果；对于分销商或者代理商在实际分销过程中出现的一些相关的设计问题，能够给予一定的指导。

6. 免费流量提升技巧

（1）淘宝站内免费流量

① 关键词搜索流量：通过在淘宝网上搜索关键词所引来的流量。

② 类目搜索流量：在淘宝网上由类目所引来的流量。

③ 淘宝 SEO（搜索引擎优化）：经过一系列的优化能够使卖家排名前置，提高流量。

④ 淘宝活动：有很多类似聚划算、天天特价、淘金币、淘乐汇、联邦超市、淘宝 VIP 频道等活动，这些活动所带来的流量也是非常可观的。

⑤ 淘宝社区：包括淘宝论坛、淘宝帮派以及淘江湖等。

（2）淘宝站外免费流量

效果不错的免费站外流量包括：SNS（Social Network Site，北交网站）、专业博客、微博、微信以及百度系列等。

专业论坛社区。这个方法如果能够很好地利用，是可以给店铺带来很大流量的，比如卖宠物用品的网店可以选择在一些比较有名的宠物类网站做推广。

专业博客流量。专业博客能够得到广泛的关注，这些关注者对博客主的信赖感很强，能够在短期内聚集大批流量。如果打造一个专业博客则具有相当大的难度，需要技术和长时间的积累。

百度系列。目前有一些对店铺推广有很大作用的百度系列，诸如百度知道、百度经验、百度贴吧以及百度空间等。

7. 活动策划与执行

（1）活动策划与方案

做一项促销活动，我们首先要明确活动的目的，促销方式对效果的影响程度是不一样的，采用有效的促销方式，才能够更好地策划和推进我们的促销活动，使得活动更有针对性和可执行性，效果大大增强。

做促销前首先要选产品，最好选择店铺的热销产品，这样比较受欢迎，考虑过性价比后须制定整个活动的方案，诸如产品定价、活动定位等，使得活动得以实施。促销活动关键在这个"促"字，它可以使消费者感到时间上的紧迫感，因此可在活动页面加上限时两个字。

（2）活动执行与跟进

活动策划最重要的是确定能够提升店内促销执行效率的关键因素，且这些因素是简单、容易理解与执行的。

对于快速消费品而言，消费者的品牌忠诚度会呈下降趋势，因此，关键因素的组合能够有效影响消费者在终端的决策。

① 分销与陈列：弄清总共有多少种规格的产品能够供消费者选择，消费者会根据分销所占有面位比例、产品规格可选余地对该品牌进行模糊判断。通常情况下，产品陈列面位越大，消费者会认为该品牌越有实力，可以满足消费者不同的需求。在一定程度上，这也说明品牌越有实力，越值得购物者信赖。

② 位置：品类的摆放能够使消费者最大限度地接触品牌及具体产品。对于非必需品，消费者的购买行为大多属于冲动型，因此，为便于消费者选购，

第4章 战斗在淘宝、京东上——电子商务平台营销（EPM）

可考虑在靠近收银台的位置摆放你的产品。以口香糖为例，据调查，只有约 **40%** 的消费者在进入卖场前计划购买口香糖，而另外约 **50%** 购买口香糖的消费者并没有事先计划购买口香糖，但最终购买了该产品。

（3）活动格调和店铺格调完美统一

在开展活动时，需要考虑两个"统一"，即活动的格调和店铺格调的统一；文案和设计格调与店铺格调的统一。

在总结店铺格调时，通常需从三个方面进行分析考虑：

第一：店主喜好。由于目前大部分淘宝店铺规模较小，有时只有几个人，店铺的格调很大程度上受店主喜好的影响；

第二：产品风格。部分卖家主要依赖店铺产品渠道上的优势，所以店铺格调很大程度上受自己产品风格的影响。

第三：品牌定位。目前进入淘宝网的有很多传统品牌和自主品牌，它们之前就已经明确了品牌定位，因此也影响了店铺格调。

（4）常见的活动工具软件

满就送

限时折扣

店铺 VIP 和淘宝 VIP

店铺优惠券

搭配套餐

卖家促销

（5）活动评估与总结

执行反馈主要为了使店内促销活动得以高效执行，但是，执行反馈往往无法直接到达总部，终端销售代表也无法越级反馈。因此，建立一个信息系统显得至关重要，它可以全面汇总全国各地的终端表现，这样使得总部决策层能够掌握全国即时的执行反馈情况，同时能够迅速做出决策。执行反馈主要从以下两个方面考虑：

① 整体分析：我们的品牌是在开展促销活动吗？竞争对手是在开展促销活动吗？整个门店的客流量能否足够支持公司派驻促销员？

② 分销检查：我们正在开展促销活动的品牌能符合公司要求的品牌和产品吗？分销的规格数量达到公司的分销标准吗？竞争对手的具体品牌以及具体规格的产品是什么？

第7节 打造爆款

爆款指的是在商品销售中供不应求，销售量很高的商品，也即通常所说的人气很高的商品。这些商品广泛应用于网店以及实物店铺中。

爆款具有两方面的作用：第一，提升店铺的流量；第二，带动店铺其他宝贝的销售。

1. 前期准备

（1）了解爆款

打造爆款前，为单品爆款的打造做好前期准备，不仅分析行业环境，还要分析竞争对手，这样才能做到知己知彼，百战不殆。另外，为更好地迎合消费者的需求，对消费者进行分析。这样可以把精力集中在营销上，而不是花在恶性竞争上，这样也可以准确找到打造爆款的路在何方。

了解行业的时间差、行业的爆款周期以及行业的爆款持久性可以指引我们对爆款的选择。行业爆款的特征体现了消费者需要什么样的商品，什么样的商品受消费者欢迎，掌握这些信息可以打造出更容易被消费者接受的商品。

（2）根据爆款生命周期制订执行计划

① 分析市场数据，抢占先机

很多中小卖家在对爆款商品进行设置的时候，一般会跟随一些大卖家的策略进行模仿,在自己的店内销售同款或相近的产品。但是这样成功的概率相对较小,因为中小卖家和大卖家相比具有明显的滞后性。因此,必须对市场进行详细的分析调研,才能赢得消费者。

② 注意挖掘真正有价值的机会

不能仅着眼于当下的数据分析,因为当你分析出来再上架的时候,这款产品可能已经过了销售的旺季,也失去了其应有的爆款价值。所以,必须要目光超前,预先分析可能会出现的爆款,提前准备,这样才能在竞争中抢占先机,从而成功打造爆款。

③ 注意商品性价比和审美趋势

在分析了数据之后,须将其付诸实践。在选择爆款商品时,首先要注重其性价比。因为商品想要热销,需满足两个因素:第一,价格不能太高,质量过关;第二,商品的款式选择要迎合消费者的审美趋势,紧紧抓住时尚的风向标,可以先试一试各款式受欢迎的程度,比如,可以把几个款式同时上架,保证每个款式所获得的流量相同,经过一段时间,成交量大的那款表明其具有被打造成爆款的潜力。

2. 单品选择

(1) 质量筛选

目前卖家已经有在商品页面中放入商品细节的习惯,这样可以让顾客相信商品的质量是过硬的。但如果产品质量不过关的话,当顾客收到货,反而会引发更多的售后问题,增加店铺的工作量,对店铺的利润率产生影响。

(2) 价格策略

定价方法包括几种,如非整数定价法、弧形定价法、竞争定价法、产品线定价法以及分割定价法等,这些都是大家耳熟能详的定价法。爆款的基本保证就是比较有诱惑力的价格。合理的价格设置不仅能让我们获得较高的利润,而且使顾客得到满意。

（3）库存保证

有足够的库存数量是爆款得以保持延续性销售的保证。

（4）和其他商品的关联购买度

关联购买不仅是降低客单价（每一位顾客平均购买商品的金额）的基础，而且是降低费用的最佳办法。

客单价直接决定利润率，为得到最满意的效果，需要做到：

① 提高整体店铺的转化率。

② 客服工作做到位。

（5）起点销售量与起点定价准备

买家大部分是拥有从众心理的，这样使得一些有起点销售量的商品能带来新的买家，而且此时买家也更愿意相信卖家。

起点价格实际就是在新商品上架时价格定得稍微高一点，随着推广的做大以及时间的推进，可以适当降低价格，这可为日后店内活动的策划预留了很多空间和借口。

3. 单品页面准备

（1）购买记录、评价记录

消费者往往更愿意相信其他买家的选择而不是卖家的宣传，因此应把之前做到的起点销售量记录放到商品描述中。

（2）卖点及亮点展示

爆款之所以成为爆款，定有其与众不同且优于其他商品的地方，这构成了买家购买此商品的一个重要理由。卖家也需明白所要推广的宝贝的卖点和亮点，同时将这个信息充分告知买家。

（3）其他页面细节准备

影响买家是否最终购买商品有很多因素，比如商品本身、卖家服务、物流、包装以及售后等。因此须在商品页面中强调商品细节，利用细节以及很真实的图

第4章　战斗在淘宝、京东上——电子商务平台营销（EPM）

片让买家相信该商品的性价比是最好的。

另外可将商品的整个包装过程放入页面中，让买家获得更直观的包装图片，让买家相信商品在路上是安全的。

（4）图片诉求的把握

商品主图和描述图在淘宝的各个页面中的作用不同，因而各张图片也在很大程度上影响店铺的销售工作。

网店中的照片一般分成两种。

① 商品主图。商品主图会出现在三个页面中，第一张会出现在商品搜索页面。在这个页面中商品图片起到的作用就是吸引顾客从搜索页面来到店铺，那此图片就应该比其他的图片更为醒目，更为美观。第二张主图会出现在店铺分类页面中，它的功能就是吸引买家点击，流量越多越好。第三个页面是商品描述页面。在这里，商品主图显示的面积还会更大，一般为300像素×300像素，买家在这里看得最为真切，而这只是商品描述页面的第一屏，它的目的是让买家继续浏览网页，停留在店铺中。

② 描述图片，它只会出现在商品描述页面中，图片应该做得真实、美观，因为这个页面中图片的功能就是为了激发买家的购买欲望，打消买家的购买疑虑。美观的图片可以增加买家的购买欲望，放心购买。

（5）设计合理的页面结构

网络购物和实体购物的行走路径是完全不同的，因此建设店铺通道时必须要针对网络特殊的行走路径，并在通道中放入合理的信息以告知顾客。

例如，一般商场超市在开业前都会请专业人员设计一份店铺的结构图，而网店的掌柜们目前在这一点上还没有明确的意识。

4. 店铺准备

（1）准备关联商品

当顾客购买了爆款后又购买了其他商品，才能提升店铺的客单价，因此对其他商品的准备也很重要。卖家还要在其他商品中寻找新的爆款，所以其页面也需要详细优化。

关联商品的准备有以下三个要素：

① 确保客单价。

② 预热后续爆款。当我们的单品推广成功后，会带动关联商品的销售，这样在推后续爆款时，可减轻前期的准备工作。

③ 关联商品引导及页面准备。关联商品引导即链接通道建设。

（2）保证整店转化率

推广的目的是为了给店铺带来更大的流量，流量要转化为销量就要依靠店铺的转化率。所以在店铺推广前，必须提升店铺转化率，整店转化率是建立在三个要素的基础之上：客服质量的保证、整店商品信息优化以及整店行走路径的优化。

5. 推爆步骤

（1）提前信息告知

利用店内信息告知窗口，提前告知活动单品，进行预热，让更多的人了解该活动，争取刚开始的时候就使单品获得一定的关注度。

（2）优惠活动的执行

推出顾客最容易接受的促销活动可以提升转化率。促销活动一般可以分为临时性活动和长效型活动两类，买家购买的第一追求往往是方便，第二是新奇，因此商品促销活动必须满足用户的需求。

（3）基础销量、评价的打造

打造基础销量和评价的方法有三种，主要包括老顾客营销法、客服推荐法，以及整店页面引导法。

（4）外部自然流量引入

外部自然流量引入主要受这几方面的影响：商品主图是否足够吸引顾客、商

第 4 章　战斗在淘宝、京东上——电子商务平台营销（EPM）

品标题文字是否能够让买家产生购买欲望，以及商品定价能否使买家满意。

除上述三方面以外，成交数量也会产生一定影响；还有店铺实体店是否位于商场以及卖家的 ID 是否有影响力，也能产生一定影响。

（5）直通车倾向引导的基础技巧

一般做直通车需要注意以下几点：

① 基础功能的排名方法，这个受基本原理、基本功能、属性匹配以及关键词匹配的影响。

② 推广关键词数量的控制，这一点受行业推广数量和整店费用计划的影响。

③ 推广商品的数量要控制，这一点受店内产品结构和爆款数量的影响。

④ 费用控制要把握阶段性，主要受整店费用率和单包费用率的影响。

"开车"是很难把握的一件事，涉及相当多的技术要点，因此需要详细地研究直通车的内容。

（6）淘宝客、论坛和帮派

淘宝客的运用需注意：费用控制宝贝的选择、利润的持久性；佣金设置自身的竞价定位；主动出击寻找优质淘客。

淘宝论坛和帮派的流量很大，而且具有相对较低的参与门槛，因此适合所有卖家运用。

（7）钻展等推广

相对于其他的推广方式而言，钻展、超级麦霸技巧性不高，需要对整体活动的规划进行重视，淘宝网拥有很多类似的活动可以参与。

（8）参加各种淘宝活动

淘宝网每年推出许多种淘宝活动，因此需要把握适合的机会，参加有效的推广活动。

6. 效果评估及整改

（1）了解相关数据

活动结束之后我们需要了解相关的数据，如询单率、咨询率、UV：PV[1]、主动下单率，以及爆款销量比重等。

（2）分析数据，根据数据改变行动方案

主要有以下几个步骤：

① 分析数据。获得数据、深入分析数据、从细节找问题。

② 找出问题。单品问题、店铺问题，还是运营问题等。

③ 更改方案。整改问题，然后重新计划。

7. 打造店内爆款群

总结经验，选择更多单品打造爆款群，推广爆款后，应及时总结经验，开始阶段性步骤，即打造店内爆款，寻找新品，从而可以寻找更多可打造的单品，以便下一步工作的开展。

第8节 用数据驱动营销

1. 流量

（1）流量来源分析详解

① 搜索行为：主要指在淘宝站内搜索，如淘宝主站、一淘网等页面中，输入名称搜索宝贝的行为。自然搜索流量在淘宝中是最优质的流量，由用户自身的需

---

[1] 注：UV（独立访客）：即 Unique Uisitor，访问网站的一台电脑客户端为一个访客。
PU（访问量）：即 Page Uiew，即页面浏览量或单击量，用户每次刷新即被计算一次。

第4章 战斗在淘宝、京东上——电子商务平台营销（EPM）

求产生，如顾客购买且满意，店铺会有较高的回头率。

② 社区软文转化：指受到淘宝内外社区软文的引导而产生的购买行为。一般买家容易受到一些因素，如情绪性波动和专业知识咨询对其的影响。

③ 社区互动工具：通过淘宝站内外社区互动工具产生的购买行为。社区中的买家具有较强的人群属性，这主要与社区工具的形式和人群有关系。

④ 淘宝上各种能产生流量的促销活动。

⑤ 直接访问店铺：这部分流量主要来源于前期收藏店铺的老客户，以及跟直接推广店铺链接地址引来的浏览量。

⑥ 硬广告：一般指通过付费进行的广告推广，比如直通车、钻展等。

⑦ 手机访问流量：店铺开通手机访问是很有必要的，如现在风靡的智能手机这一终端将是一个重要战场。

（2）优化精准流量

① 免费流量：包括淘宝搜索、淘宝类目、淘宝店铺搜索、商城搜索等，其他免费流量包括活动流量等，这些从诸如量子恒道这样的商务数据服务商提供的数据分析里面能够详细地看到。

对于缺少流量的掌柜，一定要关注自己的免费流量，注意这部分流量和什么相关。

第一，宝贝标题关键字引流。

第二，上下架时间。

第三，宝贝类目相关性。

第四，宝贝属性相关性。

第五，店铺"内功"，如宝贝描述、店铺装修等。

② 付费流量：品牌广告、淘宝客、钻展、直通车、阿里旺旺广告、定价CPM（千人浏览成本）。

③ 老客户流量：做好这部分流量，要在销售过程中维护好新客户，把他们转化成老客户，促使他们收藏店铺、收藏单品、把商品加入购物车等。

④ 站外流量

2. 成交转化率

（1）成交转化率漏斗模型理论介绍

成交转化率对全店来说是一个重要的指标，关系到店铺的成交量。成交转化率这个指标还受店铺的定位及宝贝定价的影响，具体关系如下所示。

$$全店的销售额 = 成交人数 \times 客单价$$
$$成交人数 = 访客数 \times 全店的成交转化率$$

如何提高店铺的访客数？首先应该吸引更多的新用户，因为无论是投放直通车广告，还是做钻石展位推广，主要是为了吸引更多的新客户及回头客，从而再次提高成交量。

成交转化率漏斗模型主要由五层组成：有效入店率、旺旺咨询率、旺旺咨询转化率和静默转化率、订单支付率，以及成交转化率等。

（2）店铺指标对成交转化率的影响

① 视觉规划

视觉感是顾客进入店铺能否被吸引眼球的第一步，好的视觉界面可促进顾客的观赏欲，增加销量。视觉营销主要由 VI（Visual Identity，视觉识别系统）设计、界面架构和 UI（User Interface，用户界面）设计几块组成。

目前商家应用最多的界面架构主要包括几种模板，如店铺首页模板、宝贝页面模板、店铺专题页面模板，以及促销模板等。

② 活动

顾客进入店铺后，店铺内的活动能够吸引顾客在店铺内多加停留。目前流传最广的活动有常规营销活动、主题系列活动、节日促销活动，以及噱头促销活动（比如老板不在家）等。在中国人的思维里，买东西就是为了占便宜，因此店铺可经常策划一些用户认为实惠的活动。

③ 价格

顾客购买心理的第一印象是产品的价格因素（传统品牌溢价空间有限除外），

由于互联网是个开放的平台，商家一定要清楚地意识到影响转化率的这个至关重要的因素。

④ 宝贝描述

顾客进入店铺，从流量上来讲主要是通过单品宝贝搜索进来的，宝贝页面的视觉是顾客的第一印象，商家应参照顾客的购买习惯，趋于顾客的心理所需进行品牌、模特图及产品图、套餐的搭配。

（3）淘宝店铺转化率优化

店铺装修是影响页面转化率的重点因素，主要分为店铺的首页装修及宝贝页面的装修。

进行首页装修首先要做一个页面需求预期的列表，然后与装修后的分析页面里的热点图进行对比，分析是否与之前的预期列表相吻合，若不相吻合，则需要进行优化。

（4）店铺页面装修要素

店铺的焦点图具有举足轻重的作用，它主要以本店所经营的商品为主，配以合适的色彩和文字说明，然后进行商品介绍和宣传这样的综合性广告艺术形式。消费者在进入店铺后，首先关注到的地方便是焦点图，这一模块能够起到介绍商品、指导消费，以及促进销售的作用，而且又能成为店铺被人记忆的印象符号。

（5）自然流量转化率

自然流量主要来源于

① 直接访问：直接访问的流量主要为提前知道这家店铺的买家，直接进入店铺，属二次访问的，一般有着较强的购买意向。

② 购物车：这些把商品放入购物车的客户有着较大的购买意向，因此其流量转化率也比较高。

③ 我的淘宝：我的淘宝中有些是买家已经购买过的商品，二次购买率更高。

④ 宝贝收藏：会加入收藏的商品，买家对它们是有购买欲望的，这部分的浏览量转化率也很高。

⑤ 店铺收藏：店铺收藏的流量跟宝贝收藏类似，说明买家对这家店铺里面的产品有购买欲望，转化率较高。

（6）付费流量转化率

淘宝的付费流量主要分为直通车流量和淘宝客流量，这二者占据相当大的比重。

其中淘宝客主要是通过支付佣金的方式进行推广，这种方式比较适合资金有限的卖家朋友，是一种比较保险可靠的推广方式。

3. 客单价

（1）客单价

客单价（Per Customer Transaction）主要是指每一个顾客平均购买商品的金额。计算公式如下。

客单价 = 销售总额 ÷ 顾客总数

或

客单价 = 销售总金额 ÷ 成交总笔数

客单价的本质是在一定时期内，每位顾客消费的平均价格，而其他时间这个指标是没有意义的。

（2）日均客单价

日均客单价指当天每个用户的平均购买金额。计算公式如下。

客单价 = 销售额 ÷ 访客数

注：以"用户ID"为基准统计。

该指标反映店铺内产品关联营销做得好坏，关联营销是提高店铺销售额的途径之一。

4. 数据分析部门运营管理

（1）那么淘宝网店运营需要分析哪些数据呢？

① 每周数据分析

由于用户下单和付款不一定会在同一天完成，但一周的数据相对是比较精准

第4章 战斗在淘宝、京东上——电子商务平台营销（EPM）

的，所以可把每周数据作为比对的参考对象。每周数据分析的主要作用为比对每周数据间的差别，分析运营做了哪方面的工作，对产品做出了哪些调整，所对应的数据具有怎样的变化，以便及时调整方法或者店铺本身的问题。

② 网站数据

网站流量、页面流量、平均浏览页数、在线时间，以及访问深度比率、访问时间比率等是最基本的网站数据，每项数据的提高都有一定难度，因此要不断改进每一个发现问题的细节，不断去完善用户的每一次购物体验。

③ 运营数据

总订单、订单有效率、有效订单、总销售额、毛利润、下单转化率、客单价、毛利率等是运营的关键数据。每周的数据相对稳定，主要比对与前两周数据的关联，以此分析内部的工作情况，例如产品引导、定价策略，以及包邮策略等。

④ 用户分析

会员数据分析：会员总数、所有会员购物比率，以及会员复购率。

⑤ 流量来源分析

流量分析能够指导运营和推广部门的发展方向，如关注转化率、浏览页数，以及在线时间、访问深度等都可作为评估渠道价值的指标。

⑥ 内容分析

主要包括首页装修和宝贝详情页的购买率这两项指标。

通过对某款产品的销售情况进行分析，组织全体团队重点讨论，发现问题，给出意见，然后依次进行改进。

（2）店铺数据分析

每日销售订单结构：主要包括畅销产品排名、价格结构、成交率、未成交原因等；

每日意向客户记录：主要包括到店客户数量与意向客户数量对比，观察导购接待水平、探知需求水平、成交率等；

竞品数据：如月、周、日销售对比等；

个人销售贡献率：如进行周、日销售对比，分析员工的优势与不足。

第9节　亲！我是客服！

网店客服是在新型网上商业活动中通过充分利用各种通信工具（以网上及时通信工具为主，比如旺旺），为客户提供相关服务的人员。

这种服务形式依赖于网络，所提供的服务主要包括客户答疑、促成订单、店铺推广、完成销售以及售后服务等。

1. 不可或缺的客服人员

网店客服在网店中起着不可忽视的作用，比如网店的推广、产品的销售，以及售后服务等。

（1）塑造店铺形象

对于一个网店，客户既无法看到商家，也无法看到产品，所能看到的仅仅是一张张的图片，由于无法了解各种实际商品的情况，很可能产生距离感和怀疑感。此时，客服就起着至关重要的作用。通过在网上与客户交流，使客户更了解商家的产品和服务，哪怕一个笑脸、一个亲切的问候，都能让客户感觉到在跟一个善解人意的人沟通，而不是冷冰冰的电脑设备，这样在客户心目中能够逐步树立起店铺的良好形象。

（2）提高成交率

客户一般在购买之前会针对不太清楚的内容询问商家，比如尺码、色差、优惠措施等项目，在线客服需及时对客户疑问进行解答，从而使客户及时了解感兴趣的商品，打消客户的诸多顾虑，最终达成交易。

同时，对于一些犹豫不决的客户，如果客服人员具备专业知识和良好的销售技巧，可以帮助买家选择商品，促成交易，从而提高成交率。

有的客户拍下商品，但并不着急购买，此时在线客服需及时跟进，通过询问

第4章　战斗在淘宝、京东上——电子商务平台营销（EPM）

客户方便的付款方式等督促买家完成交易。

（3）提高客户回头率

当买家在客服的帮助下成功购买了商品后，买家不仅体验了卖家的商品、物流等，还亲自了解了卖家的服务态度。当客户再次需要类似商品的时候，会倾向于再次选择同一商家，卖家因此提高了客户回头率。

（4）更好地服务客户

网店客服不能仅仅定位于网上咨询，还应具有销售专业知识和良好的沟通技巧，给客户提供更多的购物建议，并及时处理售后问题，更好地服务于客户，这样才能使商家获得更多的交易机会。

2. 售前知识储备

（1）商品知识

① 商品的专业知识

客服不仅需要了解商品的一些特征，比如种类、材质、尺寸以及用途、注意事项等，还需要具备相应的行业知识，如了解商品的使用方法、洗涤方法以及修理方法等。

② 商品的周边知识

不同的商品适用于不同的人群，比如化妆品应根据肤色的不同，在选择上有所不同；比如衣服，在选择上会随着不同年龄和生活习惯而有差别；再比如玩具的选择与儿童的年龄、性别等有关。这些情况都需要客服人员具有基本的了解和掌握，才能对买家的种种问题进行更完善地回复与解答。

（2）网站交易规则

① 一般交易规则

网店客服应熟悉网店的交易规则，把握好交易尺度。对于初次来店里购物的顾客，可能不知道该如何进行购买，此时客服人员应指导客户了解网店的交易规则，并且从细节上指导顾客的操作。

此外，客服人员还需熟悉掌握如何付款、修改价格、关闭交易以及申请退款等流程。

② 支付宝等支付网关的流程和规则

对支付宝及其他网关交易和时间规则进行了解，促使客户通过支付网关完成交易，查看交易状况，能对目前的交易状况进行所需要的修改等。

（3）物流知识

对不同的物流公司及其运作方式进行了解，如快递、平邮、EMS等，还应了解国际邮包，如空运、陆路及水路运输等。

了解各种物流的其他信息，比如不同物流方式的价格、速度、联系方式、状态查询、包裹撤回、地址更改、保价等；掌握常用网址和信息，如快递公司联系方式、邮政编码、邮费查询、汇款方式、批发方式等。

3. 客户接待与沟通

（1）沟通技巧

在线接待是网络营销的"临门一脚"，无论店铺的标题、关键词做得多么到位，图片多么美轮美奂，但是最后多数买家还是会先和客服人员联系后，才最终下单购买。我们把买家和客服说的第一句话，称为呼入转化率，这一转化率的提升，需要依靠客服本身的职业道德和沟通技能。

（2）黄金6秒

顾客呼入的前6秒我们称它为"黄金6秒"，也即顾客首次联系客服的相应时间。做好了这6秒，就能更有效地抓住顾客的心，留住顾客，达成交易。

① 进店问好。针对店铺的不同购物人群制定相应的话语风格，这样能够提高店铺在顾客心中的形象，大大提高呼入转化率。

② 勾选并设置"客户等待多少秒以后提醒我"，这样能便于跟进每一位顾客的咨询。

③ 对已接入咨询顾客数量进行设置，可预先设定自动回复对接入的顾客进行

回复。

④ 当流量较大或者客服因故需暂时离开电脑，也可以设定自动回复。

（3）推荐产品

向顾客推荐产品时，需能够根据顾客的需求进行推荐，即进行关联销售。能够进行适当合理的推荐，根据顾客的回答了解顾客的真实需求，才能成功地把商品推荐给顾客。

（4）处理异议

在沟通的过程中，应对顾客争议问题进行回应和解释，以达到促进起购买的目的。处理异议时，解释要得体，态度要真诚、亲切、及时。

（5）促成交易

一切销售工作的最终目的都是促成交易。通过与顾客交谈，了解相应的信息，为顾客服务，最终促成交易，不仅能达到商业目的，还可以维护顾客关系。

4. 有效订单的处理

（1）确认订单

确认订单是至关重要的，但也是经常被忽略的，养成确认订单的习惯能够降低差错率，在许多情况下能够达到提醒客户的作用。

确定订单三部曲：第一，确认顾客购物清单；第二，确认顾客有无其他相关需求，并留下备注；第三，核实收货地址和电话。

（2）下单发货

审核订单，注意订单的合并。

（3）礼貌告别

对本次交易进行收尾，欢迎顾客下次光临。

5. 交易纠纷的处理

在交易过程中，始终要遵循"顾客就是上帝"的原则，时刻提醒自己要处理好和买家之间的关系，否则，需要交由淘宝网来进行裁定，裁定时淘宝网会参考卖家的处理态度，同时买家有一次修改评价的权利。所以在淘宝网未进行裁定之前，与买家达成共识，自己处理纠纷是最好的办法。如果是商品发生质量问题，就需要卖家采取承诺退货的态度，并承担运费。如有的买家恶意给卖家差评，这时候不要因怕"吃"差评而与买家理论，否则买家态度可能更恶劣，反而不利于事情的解决。

在处理纠纷中，有时候根据情况需要"淘宝消费者保障服务"，这是指卖家签署了淘宝网消费者保障服务协议，并提供交易保障服务。买家在淘宝网购物时，如果遇到质量问题、商品与网上描述不符或者货物未收到，买家可依据淘宝规定进行维权，如果判定维权成功，淘宝网对卖家进行违约赔付，从而保障买家权益。

（1）保障范围说明。如果是因淘宝网商品交易产生的纠纷，需淘宝网介入处理。

（2）保障期限。自买家付款之时起至交易成功后15天内。

（3）买家可享受的所有保障权益——在淘宝网购物过程中，如遇到以下问题：

① 收到的商品出现质量问题；

② 收到的商品与网上描述不符；

③ 付款后未收到商品。

卖家承诺退货退款并承担第一次发货和退货运费。

（4）提出消费者保障赔付的条件

① 买家发起的赔付申请的商品必须与收到的商品为同一件；

② 买家已要求卖家提供退货服务而被卖家拒绝，或无法联系到该卖家，或卖家中断其经营、服务；

③ 买家的赔付申请符合相关法律的规定；

④ 赔付申请金额仅以买家实际支付的商品价款加邮费为限；

第4章 战斗在淘宝、京东上——电子商务平台营销（EPM）

⑤ 买家确认表面一致后，不得就表面一致的问题提出"消费者保障服务"赔付申请，但收货人能够提供有效相反证据的除外。

（5）退款、维权流程图解

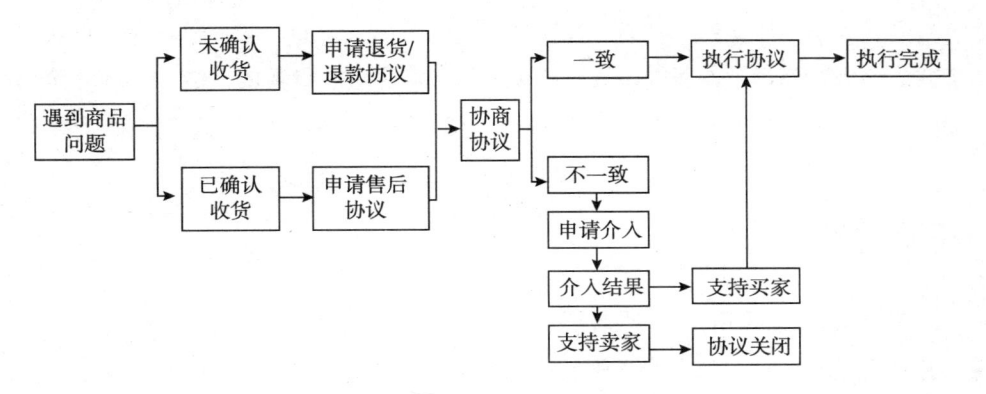

图4-2 淘宝退款维权流程

本章重点、难点分析

（1）网上开店，定位是核心。

（2）在淘宝、天猫等电商平台允许的结构范围内，尽量通过图片、程序模板等装饰让店铺更加丰富美观。

（3）淘宝直通车账户优化。

（4）淘宝常用的推广方法：淘宝客、钻石展位、淘金币和聚划算等。

（5）网店的主要营销方法：天天特价、试用中心、会员俱乐部等。

（6）淘宝客服需接受流程培训和一些准备工作，能够进行客户接待与沟通，进行有效订单的处理，以及交易纠纷的处理等。

127

本章小结

本章主要介绍了网上开店的流程和技巧、店铺装修的方法、网店推广和营销方法,以及打造爆款的步骤,最后列举了网店客服应该具备的技能。本章学习强调实战化,基于淘宝网等电子商务平台,有助于提升学生的网店运营能力。

本章思考题

(1) 为什么网店的定位很重要?

(2) 影响淘宝直通车综合排名的质量得分的维度主要包括哪些?

(3) 如何进行直通车账户优化?

(4) 影响成交转化率的因素有哪些?如何优化?

(5) 淘宝网常用推广方法有哪些?适用范围是什么?

第5章
技术成就排名：搜索引擎优化（SEO）

　　内容是 SEO 的基础，关键词是 SEO 的核心，链接是 SEO 的关键，UEO 是 SEO 的深化。

——SEO 行业经典语录

第1节 SEO 基础

1. SEO 的概念

搜索引擎优化（SEO，Search Engine Optimization），是较为流行的互联网营销方式，是指从自然搜索结果获得网站流量的技术和过程，在了解搜索引擎自然排名机制的基础上，SEOer 对网站进行内部及外部的调整优化，改进网站在搜索引擎中关键词的自然排名，获得更多流量，从而达成网站销售及品牌建设的目标。主要目的是通过增加特定关键字的曝光率以增加网站的"能见度"，进而增加销售的机会。

SEO 的主要工作是通过了解各类搜索引擎如何抓取互联网页面、如何进行索引、如何确定其对某一特定关键词的搜索结果排名等技术，来对网页进行相关优化，提高其搜索引擎排名，从而提高网站访问量，最终提升网站的销售能力或宣传能力的技术。

SEO 分为站外 SEO 和站内 SEO 两种。都是依据长期摸索、观察得出的技术与经验，利用搜索引擎录取网站的规则，将网站的整体结构、网站布局、关键词分布及密度进行优化，使网站对搜索引擎的抓取具有友好性，从而进行搜索引擎优化，提高网站访问量。

站外 SEO，也可以说是脱离站点的搜索引擎优化技术，命名源自外部站点对网站在搜索引擎中排名的影响，这些外部的因素是超出网站控制的，其中功能最强大的外部站点因素就是反向链接，即经常所说的外部链接。外部链接对于一个站点收录进搜索引擎结果页面起到重要作用，主要通过高质量的内容、合作伙伴和专业交换、分类目录、社区化书签等产生高质量的反向链接。

站内 SEO 注重域名选择、关键词设置、站点设计、站点的内部链接、有规律的更新、文章的主题、适宜长度的文章、避免内容重复、目录的数量和提交到搜索引擎等因素。

所以说，外部优化，外链为王；内部优化，内容为王！

SEO 的应用领域主要有三个方面：

（1）企业网站。企业网站通过优化后，大大增加了向目标客户展示产品或者服务的机会，从而增强企业的影响力，提升品牌知名度。例如某个生产手机的企业，如果网站用户在搜索"手机"时，该企业的网站出现在前几位，则可以获得更多用户的点击，而这些用户可能是潜在客户或者相关信息需求者。

（2）电子商务型网站。电子商务类网站经过优化后可以通过搜索引擎向更多的潜在消费者推销自身的产品，从而节省巨额的广告费用，提高产品销量。

（3）内容型网站。资讯内容类网站经过优化后，可以大大提高网站的流量，从而一步步蚕食强大的竞争对手的市场，最终后来居上，成为行业领先者。

简单地说，SEO 是一种让网站在百度、谷歌、雅虎等主流搜索引擎上获得较好排名，从而赢得更多潜在用户的一种网络营销方式，也是 SEM（Search Engine Marketing，汉译为搜索引擎营销）的一种方式。

2. SEO 基本术语

（1）网页标题（Title）

Title 即网页标题，是对一个网页的高度概括，一般来说，网站首页的标题就是网站的正式名称，而网站中文章内容页面的标题就是文章的题目，栏目首页的标题通常是栏目名称。Title 写作应结合网站关键词来简写。Title 在网页 HTML 代码中用于定义文档的标题。在浏览一个网页时，通过浏览器顶端的蓝色显示条出现的信息就是"网页标题"。

在网页 HTML 代码中，网页标题位于 < head > </head > 标签之间,其形式为：

< title > 网络营销教学网站 </title >

其中"网络营销教学网站"就是这一网站首页的标题。

（2）关键词（Keywords）

Keywords 意为关键词，又叫关键字，是一个网站管理者给网站某个页面设定的以便用户通过搜索引擎能搜到本网页的词汇。关键词代表了网站的市场定位。网站的首页关键词至关重要，因为它代表了网站主题内容。内页和栏目页的关键词一般紧扣页面主题，代表的是当前页面或者栏目内容的主体。

网站每个 Keyword 的写法都根据每个页面选定的关键词填写进去，关键词之间用半角逗号","隔开。

（3）描述（Description）

Description 即描述，是出现在页面头部的 Meta 标签中，用于记录本页面的概要与描述，可称为"内容标签""描述标签"或"内容摘要"。

Description 的作用为：简单大概描述网站的主要内容，在百度或 Google 搜索某个关键词的时候会看到每个搜索结果的下面都有一段描述，这段描述就是 Description 的内容。它给搜索引擎提供了一个很好的参考，缩小了搜索引擎对网页关键词的判断范围，引导 SE 和指明 UE 的一个路标。

首页 Description 写法：将首页的标题、关键词和一些特殊栏目的内容融合到里面，写成简单的介绍形式。

栏目 Description 写法：将栏目的标题、关键字和分类列表名称，尽量地写入 Description 中，仍是尽量写成介绍形式。

分类 Description 写法：是将各个栏目中的主要关键字写入。

注意：Description 不要只写关键词，还需要结合网站信息写作。

（4）URL

URL（Uniform Resource Locator），汉译为统一资源定位器，就是 Web 地址，俗称"网址"，是用于完整地描述 Internet 上网页和其他资源的地址的一种标识方法，是互联网上标准资源的地址，互联网上的每个文件都有一个唯一的 URL，它包含的信息指出文件的位置以及浏览器应该怎么处理它。这种地址可以是本地磁盘，也可以是局域网上的某一台计算机，更多的是 Internet 上的站点。例如，

第 5 章 技术成就排名：搜索引擎优化（SEO）

http：//www.it86.cc/ 为 IT86 网站的万维网 URL 地址。

URL 由三部分组成：协议类型、主机名和路径及文件名。通过 URL 可以指定的主要有以下几种：http、ftp、gopher、telnet、file 等。

URL 设置时需要注意以下问题：

首先，需要注意 URL 的长度，在 URL 里最好不要超过 3～5 个关键词。如果超过 5 个关键词，该 URL 的权重就会被相应地降低。

其次，在 URL 中尽量不要出现重复。

最后，切忌在命名的时候用 .exe 之类的后缀作为 URL 的结尾。

（5）静态页面

静态网页是实际存在的，无须经过服务器的编译，直接加载到客户浏览器上显示出来。静态页面需要占一定的服务器空间，且不能自主管理发布更新的页面，如果想更新网页内容，要通过 FTP 软件把文件下载下来用网页制作软件修改（通过 fso 等技术除外）。

常见的静态页面举例：以 .html 为扩展名的以及 .htm 为扩展名的。可以包含文本、图像、声音、FLASH 动画、客户端脚本和 ActiveX 控件以及 JAVA 小程序等。静态页面是网站建设的基础，早期的网站一般都是由静态网页制作的。静态页面是相对于动态页面而言，是指没有后台数据库、不含程序和不可交互的网页。静态网页更新起来相对比较麻烦，适用于一般更新较少的展示型网站。容易误解的是静态页面都是 htm 这类页面，实际上静态也不是完全静态，它也可以出现各种动态的效果，如 GIF 格式的动画、FLASH、滚动字幕等。

（6）动态页面

动态页面是指跟静态页面相对的一种网页编程技术。静态页面随着 html 代码的生成，页面的内容和显示效果就基本上不会发生变化了——除非你修改页面代码。而动态网页则不然，页面代码虽然没有变，但是显示的内容却是可以随着时间、环境或者数据库操作的结果而发生改变的，在网页 URL 的后缀不是 htm、html、shtml、xml 等静态网页的常见形式，而是以 .aspx、.asp、.jsp、.php、.perl、.cgi 等形式为后缀，其中用.jsp和.net语言开发的网站兼容和扩展性非常好，并且在动态网页网址中有一个标志性的符号——"?"。从网站浏览者的角度来看，无论是动态网页还是静态网页，都可以展示基本的文字和图片信息，但从网站开发、管理、维护的角度来看就有很大的差别，相对静态页面，动态页面的开发成本较高。

网页动态页面可以通过网站后台管理系统对网站的内容进行更新管理。发布新闻、发布公司产品、交流互动、发布博客、网上调查等都是动态网站的一些功能。

（7）伪静态页面

伪静态是相对真实静态来讲的，是将动态网页做成静态网页，通常为了增强搜索引擎的友好面。伪静态页面虽然展示出来的是html一类的静态页面形式，但其实是用asp等动态脚本来处理的。

实现伪静态页面可以缓解服务器压力，从SEO角度出发就是增强搜索引擎的友好面，所以一般将文章内容生成静态页面。

（8）错误链接

根本不存在的链接，就是错误链接。

错误链接与死链接的区别：错误链接是由于用户的疏忽，请求的链接不存在；死链接是原来访问正常，后来因为网站的变故而不能访问。

发生错误链接的情况：用户对域名拼写错误；URL地址书写错误；URL后缀多余或缺少了斜杆；URL地址中出现的字母大小写不完全匹配；等等。

（9）死链接

死链接，也就是无效链接，即那些不可达到的链接，包括协议死链和内容死链两种形式，协议死链是页面的TCP协议状态或HTTP协议状态明确表示的死链，常见的如404、403、503状态等，内容死链是指服务器返回状态是正常的，但内容已经变更为不存在、已删除或需要权限等与原内容无关的信息页面。

在以下情况下会出现死链：动态链接在数据库不再支持的条件下，变成死链接；某个文件或网页移动了位置，导致指向它的链接变成死链接；网页内容更新

第5章 技术成就排名：搜索引擎优化（SEO）

并换成其他的链接，原来的链接变成死链接；网站服务器设置错误。

一个网站如果存在大量的死链接，必将大大损伤网站的整体形象。再者，搜索引擎蜘蛛是通过链接来爬行搜索，如果太多链接无法到达，不但收录页面数量会减少，而且网站在搜索引擎中的权重也会大大降低。

（10）根目录、一级目录、二级目录、三级目录

举例如下：

根目录：http://www.eccreat.com/

一级目录：http://www.eccreat.com/x/

二级目录：http://www.eccreat.com/x/x/

三级目录：http://www.eccreat.com/x/x/x/

（11）一级域名、二级域名、三级域名

举例如下：

一级域名（顶级域名）：eccreat.com

二级域名：www.eccreat.com，bbs.eccreat.com

三级域名：xx.blog.eccreat.com

（12）内链

内链即站内链接，是指在同一网站域名下的内容页面之间的互相链接，合理的网站内链接构造，能提高搜索引擎的收录与网站权重。

内链的作用：可以在自己的站内进行部署，不像外部链接的不可控性比较大，能有效地控制成本；有助于提高搜索引擎对网站的爬行索引效率，有利于网站的收录；良好的网站内部链接策略能推动网站的排名；有助于PR（Page Rank，网站排名）的传递，平均站内网页的权威度；提高用户体验度，增加PV（Page View，页面浏览量），提高网站关键词排名，提升访问量和网站权重。

（13）外链

外链即导入链接，就是从其他网站导入自己网站的链接。外链的质量和数量直接决定了的网站在搜索引擎中的权重。高质量的外链不但提高网站的权重，而

且能够提高某个关键词的排名，给网站带来很好的流量。

（14）关键词密度（Keyword Density）

关键词密度与关键词频率（Keyword Frequency）所阐述的实质上是同一个概念，用来量度关键词在网页上出现的总次数与其他文字的比例，一般用百分比表示。相对于页面总字数而言，关键词出现的频率越高，关键词密度也就越大。

（15）百度快照

百度快照指的是对于每个收录的网页，百度的服务器都会将这个页面的纯文本部分备份收藏起来，自动生成临时缓存页面。

当用户遇到网站服务器暂时故障或网络传输堵塞时，可以通过"快照"快速浏览页面文本内容。

百度快照只会临时缓存网页的文本内容，所以那些图片、音频、视频等非文本信息，仍存储于原网页。当原网页进行了修改、删除或者屏蔽后，百度搜索引擎会根据技术安排自动修改、删除或者屏蔽相应的网页快照。

页面的百度快照时间越新，就表示百度蜘蛛经常光临这个页面，百度给的权重也高，页面关键词位置更新越快。

（16）伪原创文章

伪原创文章就是把一篇文章进行再加工，使其让搜索引擎认为是一篇原创文章，从而提高网站权重。

常用的制作伪原创文章的方法有修改标题和修改内容两种，具体方法有：

① 词语替换法：使用意思相近的词语代替原标题中的词语。

② 文字排序法：可以通过打乱顺序让标题看起来更加不一样。

③ 数字替换法：比如一篇文章标题是"备战中考作文：五招让你的文章'亮'起来"，在修改标题的时候，可改成"备战中考作文：三招让你的文章'亮'起来"，然后将文章里的两"招"删除。

④ 文中插入链接：具体作用就是相当于增加了外链。

⑤ 首段自我创造法：自己来写首段，就像引言的作用一样，一般带上自己网

站的关键词。

⑥ 尾部带一句：对整篇文章做个总结。

（17）爬虫（Spider）

爬虫（Spider）是一种按照一定的规则，自动地抓取万维网信息的程序或者脚本，是搜索引擎的重要组成部分。爬虫在 Web 上漫游，寻找要添加进搜索引擎索引中的列表。爬行器有时也称为 Web 爬虫（Web Crawler）或机器人。

（18）百度蜘蛛（Baidu Spider）

百度蜘蛛是百度搜索引擎的一个自动程序。它的作用是访问互联网上的html网页，建立索引数据库，使用户能在百度搜索引擎中搜索到网站的网页、图片、视频等内容。百度蜘蛛可以通过 FTP（File Transfer Protocol，文件传输协议）直接查看日志。对于扩大宣传面而言，百度蜘蛛访问次数越多越好。

（19）robots.txt

robots.txt 也称为爬虫协议，全称是"网络爬虫排除标准"（Robots Exclusion Protocol），是一个最简单的.txt 文件，网站通过 robots.txt 告诉搜索引擎哪些页面可以抓取，哪些页面不能抓取。如果站点对所有搜索引擎公开，则不需要做这个文件或者 robots.txt 为空就行。一般情况下，仅当网站包含不希望被搜索引擎收录的内容时，才需要使用 robots.txt 文件；如果希望搜索引擎收录网站上所有内容，请勿建立 robots.txt 文件。

当一个搜索蜘蛛访问一个站点时，它会首先检查该站点根目录下是否存在 robots.txt，如果存在，搜索机器人就会按照该文件中的内容来确定访问的范围；如果该文件不存在，所有的搜索蜘蛛将能够访问网站上所有没有被口令保护的页面。

robots.txt 必须放置在一个站点的根目录下，而且文件名必须全部小写。

（20）搜索引擎收录（百度收录/谷歌收录）

搜索引擎收录是搜索引擎收录一个网站页面具体的数量值，收录的数量越多，收录的时间越快，证明此网站对搜索引擎越友好。比较常用的搜索引擎收录有Baidu（百度）、Google（谷歌）、Yahoo（雅虎）、Sogou（搜狗）、Youdao（有道）、Soso（搜搜）、Bing（必应）等。在百度或是谷歌的搜索框里输入命令：site：+网址，查询得出的结果就是搜索引擎收录的数量。

如查询http：//www.eccreat.com/的收录，命令是site：eccreat.com。

（21）百度指数

百度指数是用以反映关键词在过去30天内的网络曝光率及用户关注度，它能形象地反映该关键词每天的变化趋势。它是以百度网页搜索和百度新闻搜索为基础的免费海量数据分析服务，用以反映不同关键词在过去一段时间里的"用户关注度"和"媒体关注度"。百度指数能够告诉用户：某个关键词在百度的搜索规模有多大，一段时间内的涨跌态势以及相关的新闻舆论变化，关注这些词的网民是什么样的，分布在哪里，同时还搜了哪些相关的词，帮助用户优化数字营销活动方案。

百度指数查询地址：index.baidu.com。

（22）锚文本（Anchor Text）

锚文本又称锚文本链接，是链接的一种形式。和超链接类似，超链接的代码是锚文本，把关键词做一个链接，指向别的网页，这种形式的链接就叫作锚文本，实际上是建立了文本关键词与URL链接的关系。锚文本有助于搜索引擎更快地爬行网站，提高排名和增加用户体验，还可以用来分析对手优化策略。

（23）友情链接

友情链接，也称为网站交换链接、互惠链接、互换链接、联盟链接等，是具有一定资源互补优势的网站之间的简单合作形式，即分别在自己的网站上放置对方网站的LOGO图片或文字的网站名称，并设置对方网站的超链接，使得用户可以从合作网站中发现自己的网站，达到互相推广的目的，因此常作为一种网站推广基本手段。

友情链接必须是能在网页代码中找到网址和网站名称，而且浏览网页的时候

第 5 章 技术成就排名：搜索引擎优化（SEO）

能显示网站名称，这样才叫友情链接。现在有很多所谓"骗"链接的，只是将对方的网站放在 JS（JavaSeript）代码里或者 iframe（行内框架）里面，这样的链接不能称作友情链接，因为这样的链接对站长来说，没有什么意义。

友情链接是网站流量来源的根本。现在还出现了一种可以自动交换链接的友情链接网站，这是一种创新的自助式友情链接互联网模式。

（24）反向链接

反向链接其实就是在目标文档内部进行声明。换言之，常规链接在文档 A 中标明"指向文档 B"，而反向链接则在文档 B 中要求"使文档 A 指向我"。搜索引擎在判定网页重要程度时候，反向链接是评判的一个重要依据。如果网页 A 给网页 B 做了一个反向链接，就类似于网页 A 表示支持网页 B。多个网页给网页 B 做反向链接，那就等于多个网页支持网页 B，这样，搜索引擎在抓取到这些反向链接的时候，就会理解为多个网页都认为网页 B 比较重要，所以，就会给网页 B 很好的权重和相关关键词排名了。

反向链接的表现形式可以是锚文本或是友情链接，这里反向链接特指有效的锚文本和友情链接，即通过搜索引擎查询的有效结果。反向链接包括外部网站的链接和自身网站的内部链接，是获得好的搜索引擎排名非常重要的因素，所以反向链接的好坏直接影响着整体网站的搜索引擎优化和网站从搜索引擎获得的流量。

（25）IP

IP（Internet Protocol，网络之间互连的协议）简称"网协"，也就是为计算机网络相互连接进行通信而设计的协议。在因特网中，它是能使连接到网上的所有计算机网络实现相互通信的一套规则，规定了计算机在因特网上进行通信时应当遵守的规则。任何厂家生产的计算机系统，只要遵守 IP 协议就可以与因特网互连互通。

"网协"给因特网上的每台计算机和其他设备都规定了一个唯一的地址，这才保证了用户在连网的计算机上操作时，能够高效而且方便地从千千万万台计算机中选出自己所需的对象。

（26）PV（Page View）

PV即页面浏览量或点击量。网站各网页被浏览的总次数是衡量一个网站、一个网络频道甚至一条网络新闻的主要指标，是目前判断网站访问流量最常用的指标，也是反映一个网站受欢迎程度的重要指标之一。

（27）UV（Unique Visitor）

UV即唯一身份访问者（独立访客），是指访问某个站点或点击某条新闻的不同IP地址的人。在同一天内，UV只记录第一次进入网站的具有独立IP的访问者，在同一天内再次访问该网站则不计数。UV提供了一定时间内不同观众数量的统计指标，但并不反映网站的全面活动。

一般来说，可以用两个数值标准来统计访问某网站的访客，即"访问次数"和"独立访客数"。访问次数和独立访客数是两个不同的概念。举个例子来说，访问次数就相当于一个展览会的访问人次，假设某个参观者出入展馆10次，这10次都会被计入访问次数中；而独立访客数则相当于带身份证参观展览会的访问人数，每一个出示身份证参观展览的人，无论出入几次，都只计作一次独立访问；这里所说的"身份证"在网络上就是访客的IP地址或Cookie（储存在用户本地终端上的数据）。

（28）Alexa

Alexa是互联网首屈一指的免费提供网站流量信息的公司，创建于1996年，一直致力于开发网页抓取和网站流量计算的工具。Alexa排名是常被引用来评价某一网站访问量的一个指标。官方站点为：http：//www.alexa.com/。

Alexa中国免费提供Alexa中文排名官方数据查询、网站访问量查询、网站浏览量查询、排名变化趋势数据查询等。中国站长站：http：//alexa.chinaz.com。

（29）PR（Page Rank）

PR值即网站排名，取自Google的创始人Larry Page。它是Google排名运算法则（排名公式）的一部分，是Google用来标识网页的等级/重要性的一种方法，

第 5 章 技术成就排名：搜索引擎优化（SEO）

是 Google 用来衡量一个网站成功与否的唯一标准。

在糅合了诸如 Title 标识和 Keywords 标识等所有其他因素之后，Google 通过 PR 来调整结果，使那些更具"等级/重要性"的网页在搜索结果中令网站排名获得提升，从而提高搜索结果的相关性和质量。级别从 0 到 10 级，10 级为满分。PR 值越高说明该网页越受欢迎，越重要。

（30）目录（Directory）

目录是由人为编辑的搜索结果。大多数目录依靠的是人为提交而不是爬行器。

纯粹的目录就像是图书馆中的分类卡，只不过是采用了电子形式。它包含编辑好的已提交到目录中的站点列表。

（31）链接场（Link Farm）

在 SEO 术语中，链接场是指一个充满链接的页面，这些链接其实没有实际作用，它们只作为链接存在，而没有任何实际的上下文。那些运用黑帽（作弊）SEO 方法的人利用链接场，在一个页面中增加大量链接，希望能通过这种方式使 Google 误认为这个页面很有链接的价值。而一个好的页面链接场，页面中充实的是和本页面最相关的链接页面。目前众多搜索引擎已经建立了作弊检测机制。

（32）搜索引擎结果页面（Search Engine Results Page，SERP）

SERP 是指在搜索引擎领域中搜索引擎返回的满足查询要求的页面。SERP 有时候还定义为搜索引擎结果的安排（Placement）。在 SEO 领域中，在 SERP 中取得良好的表现是重要指标。

（33）有机列表（Organic Listing）

有机列表是 SERP 中的免费列表，SEO 人员通过对网站内部的结构优化、内容优化以及相关的外部操作来提升在该列表中的位置，但是相对于用户来说，最为关注和信任的也是有机列表中所展现的内容。有机列表的 SEO 通常涉及改进 Web 站点的实际内容，这往往是在页面或基础架构级别进行的。针对有机列表优化页面可以吸引 Spider 的注意。

（34）付费列表（Paid Listing）

付费列表就是只有在付费后才能列入搜索引擎的服务。根据搜索引擎的不同，付费列表可能意味着：为包含于索引之中、每次点击（PPC）、赞助商链接（Sponsored Link）或者在搜索目标关键词和短语时让站点出现在 SERP 中的其他方式而付费。

（35）排名（Ranking）

排名是页面在目标关键词的 SERP 中列出的位置。SEO 的目标是提高 Web 页面针对目标关键词的排名。

（36）排名算法（Ranking Algorithm）

排名算法是搜索引擎用来对其索引中的列表进行评估和排名的规则。排名算法决定哪些结果是与特定查询相关的。

（37）垃圾技术（Spamming）

垃圾技术（Spamming）是一种欺诈性的 SEO 手段，它尝试欺骗搜索蜘蛛，并利用排名算法中的漏洞来影响针对目标关键词的排名。垃圾技术可以表现为多种形式，但是"垃圾技术"最简单的定义是 Web 站点用来伪装自己并影响排名的任何技术。

根据是否采用垃圾技术，SEO 方法可分为两大类：

黑帽 SEO（Black hat SEO）：用垃圾技术欺骗搜索引擎。黑帽 SEO 以伪装、欺诈和窃取的方式骗取在 SERP 中的高排名。

白帽 SEO（White hat SEO）：以正当方式优化站点，使它更好地为用户服务并吸引搜索蜘蛛的注意。在白帽 SEO 中，能够带来好的用户体验的任何东西也都被视为对 SEO 有益。

（38）搜索引擎基本工作原理

搜索引擎的基本工作原理包括如下三个过程：首先在互联网中发现、搜集网页信息；同时对信息进行提取和组织建立索引库；再由检索器根据用户输入的查

第5章 技术成就排名：搜索引擎优化（SEO）

询关键字，在索引库中快速检出文档，进行文档与查询的相关度评价，对将要输出的结果进行排序，并将查询结果返回给用户。

为了收集数据，搜索引擎让搜索蜘蛛跟踪链接、组织数据并判断每个页面上的文本与什么内容相关。当用户进行搜索时，搜索引擎利用搜索蜘蛛收集的信息，通过专用排名算法建立与这次查询最相关的站点列表，并显示在 SERP 中。

（39）网站跳出率（Bounce Rate）

网站跳出率（Bounce Rate）是指某个时间段内的用户来到你的网站只浏览一个页面就离开所占的比例，是评价一个网站性能的重要指标。对于某页面的跳出率算法是从这个页面进入网站没有再点击其他页即离开的次数除以所有进入这个页面的次数。对于整个网站跳出率的算法是只浏览一个页面即离开的访问次数除以进入网站的总次数。跳出率高，说明网站用户体验做得不好，用户刚进入就跳出去了，反之如果跳出率较低，说明网站用户体验做得不错，用户能够找到自己需要的内容，而且以后可能还会再来光顾该网站，说明网站具有用户黏性，慢慢地可以积累大量用户。

从搜索引擎的角度来考虑，跳出率高的网站是不符合用户需求的，或者说关键词与内容不匹配。另外也影响用户体验，跳出率高的原因是网站内容有没有价值。

（40）站点地图（Site Map）

一个对搜索蜘蛛友好的网页，会提供指向网站域内其他网页的链接。对于一个小型网站而言，站点地图可以提供直接链接到站点上所有网页的链接。中到大型站点则使用站点地图链接到域内主要的中心网页（这些网页会最终依次实现对站点内所有网页的访问）。

（41）沙盒效应（Sandbox Effect）

这是搜索营销专家所使用的非正式名字，用来描述 Google 和其他搜索引擎处理新站点的方法。它们会对那些链接流行度迅速攀升的网站先进行冷处理。网页可以展现它的内容，但会被放在"沙箱"里面。如果该站点对任何搜索请求都不会得到最高排名，但其后来的流行度经过一段时间仍保持不变或者逐渐上升，那么搜索引擎就会开始取消冷处理，并且给链接流行度更高的权重，使得搜索排名上升。

（42）蜘蛛程序通道（Spider Paths）

蜘蛛程序通道是用于站点导航的轻松通道，例如站点地图、分类地图、国家地图，或者在关键网页底部的文本链接等。蜘蛛程序通道包括任何能使蜘蛛程序轻松找到网页的方法。

（43）蜘蛛程序陷阱（Spider Trap）

蜘蛛程序陷阱是阻止蜘蛛程序爬行网站的障碍物，通常是那些显示网页的技术方法，这些手段能很好地配合浏览器，但对蜘蛛程序就构成阻碍。蜘蛛陷阱包括 JavaScript 下拉菜单以及有些种类的重定向。

3. SEO 的主要环节

SEO 并不是简单的几个秘诀或几个建议，而是一项需要足够耐心和细致的脑力劳动。大体上说，SEO 包括六个环节：

（1）关键词分析（也叫关键词定位）

这是进行 SEO 最重要的一环，关键词分析包括：关键词关注量分析、竞争对手分析、关键词与网站相关性分析、关键词布置、关键词排名预测等。

（2）网站架构分析

网站结构符合搜索引擎的搜索蜘蛛喜好则有利于 SEO。网站架构分析包括：剔除网站架构不良设计、实现树状目录结构、网站导航与链接优化等。

（3）网站目录和页面优化

SEO 不止是让网站首页在搜索引擎上有好的排名，更重要的是给网站的每个页面都带来流量。

（4）内容发布和链接布置

合理安排网站内容发布日程是 SEO 的重要技巧之一，因为搜索引擎喜欢有规律的网站内容更新。链接布置则把整个网站有机地串联起来，让搜索引擎明白每个网页的重要性和关键词。实施的参考是第一点的关键词布置，友情链接战役也在这个时候展开。

(5) 与搜索引擎对话

通过搜索引擎看 SEO 的效果，通过查询搜索引擎收录，了解站点的收录和更新情况，更好地实现与搜索引擎对话。建议采用 Google 网站管理员工具。

(6) 网站流量分析

网站流量分析通过 SEO 结果指导下一步的 SEO 策略，同时对网站的用户体验优化也有指导意义。流量分析工具建议采用 Google 流量分析。

SEO 是这六个环节循环进行的过程，只有不断地进行以上六个环节，才能保证让站点在搜索引擎排名中有良好的表现。

第 2 节　关键词优化

1. 目标关键词

在搜索引擎中，关键词（Keyword）是指用户在寻找相关信息时所使用的内容，是搜索应用的基础，也是搜索引擎优化的基础。搜索引擎优化的目的之一就是提高页面与某个关键词之间的相关性。

目标关键词，指通过关键词分析确定下来的网站"主打"关键词，通俗地讲，是指网站产品和服务的目标客户可能用来搜索的关键词。

一般情况下，目标关键词具有以下特征：

① 目标关键词一般作为网站首页的标题。
② 目标关键词一般是 2~4 个字构成的一个词或词组，名词居多。
③ 目标关键词在搜索引擎上每日都有一定数目的稳定搜索量。
④ 搜索目标关键词的用户往往对网站的产品和服务有需求，或者对网站的内

容感兴趣。

⑤ 网站的主要内容围绕目标关键词展开。

⑥ 一般都是网站首页定位优化的关键词，常放在首页的标题以及关键词设置标签中。

⑦ 是有热度的词语，每天都有部分用户通过该词语在搜索引擎上进行搜索。

⑧ 需围绕网站产品和服务来设定，网站的主要内容围绕目标关键词展开。

⑨ 一般用户在搜索引擎上搜索目标关键词，显示出来的站点大多是网站的首页或者二级目录页面。

2. 关键词分析和确定

（1）了解行业概况

① 搜索行业主关键词，搜索结果前五页的网站基本上可以说明该行业的概况。比如：包含"SEO"这个关键词排前五十名的基本上都是非常专业的站点，而且绝大部分是主域名，即域名中包含"SEO"的居多。

② 查询你所熟悉的站点，包括这个站点的建站时间、专业性、站点规模、主关键词等。比如对于"工程硕士"这个关键词，你熟悉 www.easygct.com，那么观察它排在哪一个位置？

③ 在行业关键词搜索结果的前十个站点，观察主要是竞价网站、行业网站、企业网站还是个人网站？如果竞价网站和行业网站居多，则说明该关键词的商业价值强；如果个人网站居多，则说明该行业大部分采用广告联盟形式，具有创新赢利模式者可以考虑切入；如果简单企业网站居多，则说明行业竞争性不强。

从这些方面，可以大体把握行业概况。

（2）行业关键词集合

① 搜索行业主关键词，点击搜索结果第一页底部的更多相关搜索。从这里可以获得行业关键词的集合，做适当的筛选后确定目标关键词的范围。

② 从百度指数获得每个关键词的每日搜索量。

③ 如果需要更多的行业关键词，可以采用中文版 Google 关键字工具。

（3）关键词竞争性分析

① 从行业关键词集合中选择适合你自己的。包括：关键词相关性、关键词搜索量、关键词商业价值等。

② 针对选择的关键词（称为二级关键词），按了解行业概况的方式了解二级关键词的排名概况。

③ 二级关键词的竞争往往没有那么强。

④ 需要对自然排名前五位的站点进行分析，包括 SEO 水平、主关键词、网站规模、建站时间、PR 值等。

⑤ 一般需要 3~6 个月时间的发展，自我权衡是否有这样的耐心；如果不能忍受这样的时间，则需要考虑竞争性更低的关键词。

（4）关键词发展规划和流量预计

① 确定一个可持续发展的主关键词，对网站流量的提升大有裨益。例如刚开始可以确定 SEO 优化为主关键词，将来随着网站的发展，SEO 的搜索结果中也会有较好的排名。

② 关键词的发展规范需要有一个明确的层次。例如"快速减肥方法"与"减肥"是两个相距很大的层次，但"快速减肥"与"减肥方法"之间就可以很好地过渡。

③ 流量预计需要经验的累积，一些关键词虽然每日搜索量很多，但流量主要被前三名或竞价网站"拦截"。

④ 对于大型行业网站，这个步骤更显得非常重要。

（5）确定目标关键词

以上的分析基本上可以帮你确定目标关键词了。对于主站（主域名或者说首页），往往可以确定三个目标关键词；目录页、内容页的关键词可以以此类推。

3. 关键词密度控制

在实际中，常用关键词密度来衡量页面中关键词的词频是否合理。关键词密度主要是由"关键字词频"及"网页总词汇量"两个因素决定的，这三者关系如下：

$$关键字密度 = 关键字词频 \div 网页总词汇量$$

总词汇量是指页面程序标签以外的所有词汇的数量。

一直以来，包括百度、谷歌、雅虎在内的这些搜索引擎都将关键词密度作为其排名算法的考虑因素之一，每个搜索引擎都有一套关于关键词密度的数学公式。合理的关键词密度可使网站/网页获得较高的排名位置；密度过大，反而会起到相反效果。

（1）首页关键词密度

首先能放关键词的肯定是标题、关键词和描述，其次为显示替换类的，再就是文章内容。更新的文章、图片具体能增加关键词的密度有：①显示、②替换、③注释、④文件名称、⑤子目录名称。

首页密度控制在 5%～10% 之间，但具体控制在多少需要进一步进行分析。

① 域名中是否带关键词简写拼音，如果带，则可将密度调得高点儿。

② 域名是 com 的可以多一些，是 cn 的可以少一些。

③ 是老域名还是新域名，刚开始的新域名最好控制在 6% 比较稳妥。老域名可以适当高点儿。

④ 关键词的热度。如果关键词很热的话，关键词密度最好低点儿，当然太低的竞争力又上不去，因此可以先调低，等排名上去了再增加关键词密度。

（2）栏目关键词密度

栏目关键词的方法基本上和首页一样，不过要注意的是，首页和栏目页所采用的增加关键词密度的方法要有些不同，才能不留下明显的痕迹。栏目页关键词密度应控制在 6% 以内。

第 5 章　技术成就排名：搜索引擎优化（SEO）

控制栏目关键词密度需要注意以下事项：

① 栏目应该是真正的栏目，如栏目是做"鲜花"的，那么内页有关鲜花的关键词都可以放置在后面。

② 既然是一个栏目，那么首先要注意的是栏目方面的关键词，而首页的关键词都可以放在后面。

③ 栏目关键词应该和首页关键词相关。

④ 栏目关键词与首页关键词又有不同，因此能用栏目关键词来开辟另一个排名。例如做一个结婚类的网站，如果另外做个栏目叫作"鲜花"，也能在鲜花方面参加搜索引擎排名，但这个排名显示的是栏目而不是顶级域名。

⑤ 如果网站不建议把栏目做排名的话，那么得将所有页面都看作子页面。

（3）子页面关键词密度

理论上子页面关键词密度是可以控制在10%而不被处罚，但是如果一个网站所有页面都是10%的关键词密度，这样的网站会被优化到别人都不想看的状态。

控制子页面关键词密度要注意以下几点：

① 必须是平均分配，不要有些6%，而有些只有1%，这样的话，一旦控制不好，容易让有些页面超出密度需求。

② 不能只在网站顶部增加密度，必须有30%以上的关键词密度来自页面的文章内容。

③ 子页面是居于网站之下、栏目之下，所以一定得跟着网站和栏目来设计关键词。

（4）关键词密度可能出现错误化

① 例如做一个"汽车美容"的网站，栏目是"汽车美容的价格"，子页面的关键词要做的肯定是上面两个关键词，根据一些搜索引擎分词计算方式可以分为"汽车""美容""价格""美容价格""汽车价格""汽车美容""车美容""车价格"等，具体分词方式要根据具体词来分。那么子页面可以对上述分词中的关键词分别进行密度增加，而不是单一地增加一个词，这样优化痕迹便不明显。

② 经常也能出现一些错误的关键词，如"起车""加格"等，因为汉语拼音是一样的，搜索引擎能识别，但是错误不会影响你的密度。

③ 当然如果能做 10～20 个页面，则没有关键词也可以。

4. 关键词布局

要达到理想的网站优化效果，需要我们为网站或网页选定恰当的、有效的关键词，更重要的是在网页中恰当地将这些关键词嵌入内容中。对 SEO 来说，主要考虑两方面：一是关键词的位置，关键词出现在页面哪个部分以及先后顺序，这对网页出现在 SERP 页面中排名的影响逐步降低；二是关键词密度或关键词频率，在网页中关键词出现的频率越高，搜索引擎便会认为该网页内容与相应关键词的相关性更高，从而更易出现在 SERP 页面的前端。

那么，页面上的什么位置放置关键词最好？

① 首先关键词应该在文章的每个段落里。

② 网页头部标签（如描述标签、关键词标签等）应该放置关键词。

③ 网页上图片的 ALT 标签里应该写上关键词。

④ 可以考虑把关键词作为子目录。

⑤ 网页中谈到其他网页的关键词时，不要忘了添加链接并指向那个网页。

添加关键词时，应该考虑的对象是网站的用户，而不是搜索引擎。不要采用任何手段欺骗搜索引擎，否则将会受到严重的惩罚。

5. 长尾关键词

（1）长尾关键词的含义

长尾理论这个概念来自克里斯·安德森［美］的《长尾理论》一书，其含义为："只要存储和流通的渠道足够大，所有需求不旺或销量不佳的产品所占据的市场份额可以和那些少数热销产品所占据的市场份额相匹敌甚至更大，即众多小市场汇聚成可与主流大市场相匹敌的市场能量。"

长尾关键词是长尾理论在关键词研究上的延伸。长尾关键词是指与目标关键词相关的任何有搜索量、有人关注的关键词,并非目标关键词但也可以带来搜索流量的关键词。优先选择那些搜索量较少,但竞争却没那么激烈的关键词,这样可以避免与实力强大的网站直接竞争,从而降低优化成本,提高回报率。

长尾关键词具有的特征如下:

① 比较长,往往由2～3个词组成,甚至是短语。
② 存在于内容页面,除了存在于内容页的标题中,还存在于内容中。
③ 搜索量非常少,并且不稳定。
④ 长尾关键词带来的客户转化为网站产品客户的概率比目标关键词低很多。
⑤ 存在大量长尾关键词的大中型网站,其带来的总流量非常大。

注:大中型行业网站 SEO 的主要技巧就在于对长尾关键词的策划。

(2) 怎样做长尾关键词

做好长尾既简单又困难。一般来说不需要也无法做深入关键词研究,也不需要刻意优化特定长尾关键词。由于数量庞大,去查看搜索次数,专门调整页面优化都是不可行的,只能通过大量有效内容及网站结构方面的优化确保页面收录。只要页面基本优化做好,长尾关键词排名就能全面提高。

网站基本优化,尤其是内部链接结构必须过关,才能保证大量包含长尾关键词的页面被收录。对于一些大型网站来说,保证收录并不是一件简单的事情。

要提高长尾关键词的排名,域名权重也是个因素。网上相同或相似内容很多,域名权重低,页面排名必然靠后。

长尾关键词需要进行改进。现在不但主关键词竞争非常激烈,就连一些相关度极强的长尾关键词竞争也非常激烈。而要想优化,快速取得效果,就需要稍微改进这些长尾关键词。

在优化了一定量的长尾关键词获取好排名之后,不应该满足于现状,而应试着创造属于自己的长尾关键词。就像搜索新闻时,大部分用户都会这样搜索——新浪实时新闻、新浪娱乐新闻等。

长尾理论是 SEO 人员必须理解和关注的概念，但是要真正显示长尾关键词效果，却不能从关键词本身出发，而应从网站架构、内容及整体权重上着力。所以，长尾关键词与网站的内容有关，选择的关键词必须是用户有可能来查询的词，要能满足用户需求，通过网站构思与网站业务相关的关键词、通过竞争对手来寻找关键词、通过搜索引擎相关搜索来确定长尾关键词等各种方法综合应用。

6. 关键词组合

SEO 是建立在内容之上的，网站的内容需要与关键词相辅相成。当确定网站核心关键词（产品和服务关键词）以后，我们就需要辅以大量的相关内容来支撑该核心关键词或其他的相关长尾关键词，以让搜索引擎得知这个网站是做什么的，这个网站的核心是什么。那么这些长尾关键词该如何组织起来呢？我们从以下八个方面谈谈网站 SEO 中的关键词组合方法，以及如何通过关键词组合来定制和更新网站内容。

（1）第一策略：产品或服务 + 特性功能（质地、类别、行业背景等）

这一类内容是产品和服务的底层，但是也可以延伸开去。可以是对自身产品的介绍和功能论述，也可以是该产品的原料产地、背景知识，等等。如果是某种服务，可以对该行业专有名词进行解释，介绍行业新闻、技术文章以及服务流程，等等。

比如 SEO 大赛关键词为：棉鞋。要做一个销售棉鞋的企业网站，那么网站内容可从产品自身特性来展开，如棉鞋的质地、棉鞋制作工序、棉鞋样式和棉鞋花纹等方面；也可以从人群分类来展开，如儿童棉鞋、男士棉鞋、女士棉鞋、休闲棉鞋，等等；同时还可以追根溯源，如棉鞋的起源，棉鞋的原产地，等等。

（2）第二策略：产品或服务 + 搜索意图（是什么、怎么用、哪里有卖等）

隔行如隔山，每个行业都有自己特有的规律。了解和熟悉这个产品或服务所在行业的规则,也就会了解很多特有的关键词组合方法。

例如:冬虫夏草是什么?某美白产品怎么用?某车膜哪里有卖等。产品和搜索意图组成关键词组合,那么搜索这些词的用户都是网站的潜在用户,转化为有效用户的概率也非常大。

关于这类关键词,大家可以登录一些问答网站进行参考,往往用户提交的咨询问题就是很好的关键词。

这里还有一个小建议:不同阶层的网民搜索的关键词也有很大不同,不过大多数常被搜索的关键词都比较低端,偏口语化。比如在网站建设中有一个说法,就是做网站,这样就产生一个关键词:北京做网站哪家好?我们其实可以为这个关键词来组织一篇文章,标题就叫作:北京做网站哪家好?

(3)第三策略:产品或服务+品牌型号(品牌名称、通用型号等)

这里的品牌可以是自有品牌,也可以是其他甚至竞争对手的品牌;可以是知名品牌,也可以是非知名品牌。这里的型号是指行业的标准、产品的特有型号和规格等技术参数等。

比如接触过轴承相关产品的朋友可能比较熟悉,轴承的关键词很多就是通过不同品牌、不同型号来组合的。比如:深沟球轴承、**ASK NUE70** 轴承等。把这个思维用在其他产品和服务中,效果也是不错的。

行业先驱们制造出的品牌我们可以超越,但业内的行业规范我们很难改变,耳熟能详的产品所带来的人气是巨大的,我们可以将不同的形式融进网站的内容中,从而带动网站在搜索引擎上排名的提升。

(4)第四策略:产品或服务+经营模式(零售、代理、加盟等)

把经营方式融入网站内容。在发布产品信息时,我们希望更准确地找到客户,也希望找到更专业的客户。这时,我们就需求在信息中标明自己想要达到的目的。

比如:想找到代理加盟商,就可以在信息名称中加入"代理加盟"作为信息的主关键词;如果想做大量的批发生意,就可以把"批发"作为信息的主关键词。这里的信息可以是标题，可以是网站的内容部分，也可以是网站的其他部分。

结合实体的产品来看就是：加入资讯或文章模块，引入淘宝网和独立网站代发货的模式。

现在越来越多的淘宝用户苦于找不到合适的货源，而也有非常多的货源提供商找不到下一级的代理商。话说回来，如果在某商城相关页面增加代理模块，那么商城可以设置大量如下关键词：华为代发货，iPhone 代发货。

（5）第五策略：产品或服务 + 服务方式（培训、函授等）

服务方式的不同，潜在用户群也不同。

如某考试培训、某大学函授课程、某化妆品邮购，还有目前比较流行的 QQ 群培训、实体的函授培训等服务产品的用户群有很大差异，应区别对待。

（6）第六策略：产品或服务 + 企业信息（公司、快递等）

这个在传统的服务性企业中比较常见，特别是一些便民服务行业。

例如：深圳货运公司、中关村搬家公司、中关村送水公司、石家庄房屋中介公司，等等。还有一些如某产品厂家地址、官网地址，等等。

（7）第七策略：产品或服务 + 易混淆品牌和名称

很多朋友把这一面叫作另类 SEO，其实并非如此，互联网的内容多样和开放造就了丰富多彩的错别字现象。

例如有一个站名字叫讯雷，这个关键词排名仅次于迅雷官网，可想而知这个网站截取到多少流量！诸如此类还有很多例子，如果你能寻找到产品与服务中类似的关键词，相信营销效果会非常明显。

（8）第八策略：产品或服务 + 领域区域（应用领域、地域名称等）

中国地大物博，三十余个省市和地区，三千多个县级市。把地区名称和网站产品或服务关键词组合起来，覆盖的受众就非常之多。这一招其实并不新鲜，早就被大型网站用到内容中去了，但依然非常有效。

此类案例我们很容易在分类信息网站上看到，比如有时候在 58 同城上看到某地区关键词排名非常好。很多大型网站都是做海量的关键词 + 模板，他们的目的不在于只做某一个关键词，而是做某一批关键词。例如 58 同城一般这样玩：北京 + 租房，天津 + 租房，等等。

第 3 节　URL 网页地址优化

URL 即 Uniform Resource Locator，汉译为统一资源定位器，是用来描述信息或资源位置的字符串。URL 相当于页面的地址，用户或搜索引擎都必须通过 URL 才能访问相应的页面。URL 优化就是指通过对 URL 各组成部分进行适当的调整，以提高 URL 的搜索引擎友好性。

1. URL 一般形式

URL 是对可以从因特网上得到的资源的位置和访问方法的一种简洁的表示方法。URL 的各组成部分从左至右分别是 Internet 资源类型、服务器地址、端口号、路径及文件名，其一般形式是：

< URL 的访问方式 >：//< 主机 >：< 端口 >/< 路径 >

URL 的访问方式有如下几种：

ftp：文件传送协议 FTP

http：超文本传送协议 HTTP

News：USENET 新闻

其中，< 主机 > 是存放资源的主机在因特网上的域名。

2. URL 优化方式

URL 优化形式大体分为三种：静态形式、动态形式、伪静态形式，是指通过对 URL 各组成部分进行恰当的调剂，以提高 URL 的搜索引擎友好型。

具体来说，主要包括如下内容：

（1）网页地址命名

网页 URL 命名的关键在于使用适合的关键词为 URL 各组成部分进行命名，就是说把文章关键词结合到 URL 中显示出来，这样有利于提高页面的相关性，突出页面主题的作用。需要注意的是，URL 的命名是在伪静态的情况下进行的深度优化。

通常在给 URL 进行命名的时候，选择中文、英文及拼音三种形式的关键词。

① 中文命名。首先要确定你所使用的 Web 服务器必须支持以中文名称访问相应的目录或者文件。中文形式的关键词不需要考虑分隔符等问题，只须选择与目录或者页面内容相关的中文关键词即可。但并不是所有的搜索引擎都检索含中文字符的 URL。

② 英文命名。这是目前最常用的 URL 命名方式之一，但是使用时要注意：必须使用一个真实存在的英文单词或一对词组进行命名；组成 URL 的单词之间必须用分隔符进行分隔，因为若将英文单词连在一起，搜索引擎是读不懂的。

③ 拼音命名。目前，在绝大多数中文搜索引擎都支持拼音形式的关键词搜索。但命名时要注意：每个字的拼音不需要采用分隔符进行分隔，搜索引擎也能识别；考察搜索引擎是否能识别我们所选择的关键词的拼音形式（在搜索引擎中实际搜索拼音，查看返回结果是否与我们选择的关键词一致）。

（2）分隔符

为了让搜索引擎能够正确识别以英文形式命名的 URL 中的关键字，需要使用相应的符号对词组之间的单词进行分隔。

常见的分隔符包括：空格“ ”、横杠"-"、下划线"_"、加号"+"、竖杠"｜"等。在搜索引擎中，并不区分单词间字母的大小写，因此采取大小写区分方式对于搜索引擎来说是无效的。

在 URL 中，很多符号都具有分隔符的意义，但每个符号所起的作用及表达的意义是不一样的，即使是同一分隔符在不同的搜索引擎里所表达的意义也会有所差别。

第5章 技术成就排名：搜索引擎优化（SEO）

例如，在有些搜索引擎里，把 URL 中的横杠"-"与空格符"%20"都当空格符处理。如在谷歌搜索中，以下关系是成立的：

Camcorder – battery = Camcorder battery = Camcorder%20battery

斜杠"/"是 URL 中的自然分隔符。但是，斜杠只能作为 URL 中目录之间或者目录与文件名之间的分隔符，而不能作为目录名称或文件名称内部的分隔符。

"-"表示相互连接的短语有彼此解释说明的作用。如果将数个隐性语义相近的词或短语用"-"连接在一起构成一个语义更加明确的网页标题，则会在搜索引擎中获得较高的权重。

"_"分隔符用于表示一种含义上的从属关系。"_"前面的网页标题短语通常表示的内容更具体，常常是属于其后面的标题短语。如博客圈_ 新浪博客_ 新浪网。"_"分隔符两边不必加空格。

"｜"分隔符出现在网站的标题中用于分割一个网站相对独立的数个栏目或者是单独一个网页上的不同内容。各个分隔符之间是有一个半角的空格，但是现在使用较少。

总体来讲，百度喜欢符合中国人使用习惯的"_"和"｜"，而谷歌是"-"和空格。

选择标题分隔符的时候，可以看看大型门户网站是怎么做的，参考百度、谷歌、雅虎用的是什么分隔符。

（3）网页地址长度

搜索引擎在抓取页面时，对页面的 URL 长度存在一定的限制。对于超过限定长度的 URL 指向的页面，搜索引擎就可能放弃收录。而决定 URL 长度的主要因素包括"域名长度""路径长度"及"文件名长度"。

域名长度是指"子域名 + 域名名称 + 域名类型"所占用的字符数，如 www.123pet.com.cn 的子域名是 www，域名名称是 123pet，而域名类型是 com.cn，则域名长度为 17。

路径长度是指文件存放路径的名称所占用的字符数。路径长度 = 目录 1 名称长度+目录2名称长度+……+目录N名称长度,如http：//www.123pet.com.cn/gou/jinmaoquan.html。其中,"/"为根目录,"gou"为二级目录,则该页面的路径长度=1+4,即5。

文件名长度是指文件名称所占用的字符数（包括后缀名）,例如"jinmaoquan.html",文件名长度就是15。

综上所述,URL长度=Internet资源类型+域名长度+端口号+路径长度+文件名长度。如http：//www.123pet.com.cn/gou/jinmaoquan.html的URL长度=17+5+15,即47。

例如：

URL A：http：//www.123pet.com.cn/zangao.html

URL B：http：//www.123pet.com.cn/gou/zangao.html

同样的页面zangao.html,使用URLA比使用URLB能获得更高的权重。

(4) URL组成部分优化

域名能从一定程度上反映网站的主题。域名注册的时间越长,从一定程度上反映这个域名是更值得信任的,因此这个域名指向的网站就可以获得更高的权重。域名使用时间需要结合网站的主题进行衡量,如一个域名使用了十年,但在此期间这个域名断断续续地指向一百个不同主题的网站,那么这个域名在提高网站主题相关性方面所起到的作用也是微不足道的。当然,一个域名的可使用时间越长,得到的权重相对来说就会越高。

使用关键字作为域名,还涉及关键字的表达形式问题,例如中文、英文、拼音等,前文已有描述。

常见的域名后缀包括：.com、.net、.org、.gov和.edu。其中,.com表示商业机构,.net表示网络服务机构,.org表示非盈利机构,.gov表示政府机构,.edu表示教育机构。实践证明,Google更重视.org和.edu为后缀的域名。但是,我们不能因为搜索引擎特别重视这两类域名而忽略网站自身的性质,采用不相关的域名后缀。

除了国际域名外，几乎每个国家（地区）都会有各自的域名。例如中国大陆的国家域名包括 .org 和 com.cn 等。如果网站针对的是全球，那么就应该优先使用国际域名；如果网站针对的是某个特定的国家（地区），那么就应该优先使用这个国家（地区）的域名。

URL 路径分为绝对与相对路径、动态与静态路径。

① 绝对与相对路径。绝对路径简单来说体现的是真实路径，而相对路径体现的是路径之间的关系，由于相对路径在搜索引擎中表现良好，一般建议尽量用相对路径。

② 动态与静态路径。一般来说，搜索引擎对静态路径的友好度相对较高，建议使用静态路径，必要的时候可以 rewrite 路径，即伪静态。特殊情况下还可以使用动态路径（因为有些空间不支持伪静态）。

URL 路径选择要点：路径尽量短，越短越好；针对动态路径，参数越少越好；路径要统一，网站中切勿出现动态路径和静态路径都被搜索引擎抓取的现象。

3. 网页地址重定向

网页地址重定向是指当使用者浏览某个网址时，将它导向到另一个网址的技术。把对一个域名、目录或者文件的访问请求转发至另一个域名、目录或其他服务器空间上，当用户发出相应的访问请求时将自动跳转到指定的位置。重定向常用于域名或者目录变更的情况，可以有效实现新旧域名或者新旧目录间的无缝对接，不管对于普通用户还是对于搜索引擎都是十分友好的。但由于一小部分人利用重定向技术向搜索引擎返回经过特别优化甚至是作弊的页面，搜索引擎已经把部分此类重定向方式列入违规行为的行列。

网页地址重定向常常用于把一串很长的网址转成较短的网址。因为当要传播某网址时，若网址太长，不好记忆；也有可能因为更换了网络的免费网页空间，网址也必须要变更，不知情的使用者还以为网站已经关闭了，这时就可以使用网络上的转址服务。常见的重定向有 301（永久重定向）及 302（暂时重定向）

两种。

（1）301 重定向

301 是重定向的其中一种方式，301 代表永久性转移（Permanently Moved），301 重定向是网页更改地址后对搜索引擎友好的最好方法，只要不是暂时搬移的情况，都建议使用 301 来做转址。

下面介绍几种常用的实施方法。

① Apache 服务器实现 301 重定向

在 Apache 中，有个很重要的文件 .htaccess，通过对它的设置，可以实现很多强大的功能，301 重定向只是其中之一。

例如：

redirect permanent /index.php http：//www.domain.com/index.php? go = category_6（将网页 index.php 重定向到 http：//www.domain.com/index.php? go = category_6）

通过合理地配置重定向参数中的正则表达式，可以实现更复杂的匹配。

② PHP 下的 301 重定向

例如：

```
<html>
<head>
<title>HTTP/1.1 301 Moved Permanently</title>
<?
Header ("HTTP/1.1 301 Moved Permanently");
Header ("Location: www.domain.com");
?>
</head>
<body>
HTTP/1.1 301 Moved Permanently
</body>
</html>
```

第5章 技术成就排名：搜索引擎优化（SEO）

③ ASP 下的 301 重定向

例如：

```
<% @ Language=VBScript %>
<%
Response.Status = "301 Moved Permanently"
Response.Addheader "Location","http://www.domain.com"
%>
```

④ ASP.NET 下的 301 重定向

例如：

```
<script runat="server">
private void Page_Load (object sender, System.EventArgs e)
{
Response.Status = "301 Moved Permanently";
Response.Addheader "(Location", http://www.domain.com);
}
</script>
```

（2）302 重定向

302 重定向为暂时性转移，也被认为是暂时重定向（Temporary Redirect），一个暂时重定向是一种服务器端的重定向，能够被搜索引擎 Spider 正确地处理，适用于临时更换域名或目录名称等情况。常见的 302 重定向方式包括"meta 重定向"及"JavaScript 重定向"。在使用 302 暂时性重定向时必须十分谨慎，否则很容易会陷入门页的误区而遭到搜索引擎的惩罚。

① meta 重定向

meta 重定向是指通过设置 meta 标签的 http-equiv 属性值及内容来实现的重定向。

例如，在页面头部加上代码 <meta http-equiv="refresh" content=3; url=http://www.eccreat.com>，则打开当前页面 3 秒钟后自动跳转至网站 www.

161

eccreat.com。

在 meta 重定向中，如果设定的停留时间过短（如少于 1 秒），则会被搜索引擎认为是门页。为了避免门页嫌疑，在使用 meta 进行跳转时，通常会把停留时间设定在 3 秒以上。

② JavaScript 重定向

JavaScript 重定向是指使用 JavaScript 语言实现的重定向。

例如：

```
<SCRIPT LANGUAGE="JavaScript">
<!-
Window.location.href=http://www.eccreat.com;
//-->
</SCRIPT>
```

该代码表示把访问目前页面的请求转发至 http://www.eccreat.com 上。利用 JavaScript 重定向，只需要把上面的代码放在需要重定向的页面上即可。

第 4 节　链接策略

1. 链接基本知识

链接指从一个网页指向另外一个目标的连接关系，这个目标可以是一个网页，也可以是同一网页的不同位置，还可以是一个图片、电子邮件地址或文件，甚至是一个应用程序。

（1）源页面与目标页面

在链接关系中，我们称存放链接的页面是源页面，称被链接的页面是目标页面。如页面 A 中存在指向页面 B 的链接，则页面 A 为源页面，而页面 B 为目标页面。

第 5 章 技术成就排名：搜索引擎优化（SEO）

（2）链接与投票机制

在搜索引擎里，链接反映的是页面间的信任关系。也就是说，如果某个页面中存在链接指向另一个页面，则表示该页面对被链接的页面是信任的。

在搜索引擎优化里，可利用"投票机制"来表达页面间的这种信任关系。如在页面 http：//www.eccreat.com/action - news.html 中存在链接指向页面 http：//www.eccreat.com/ask，则说明页面/action - news.html 对/ask/是信任的，因而投了它一票。

（3）链接分类

按照链接使用的对象可分为"文本链接""图片链接""多媒体文件链接"；按照链接的指向可分为"导入链接"与"导出链接"；按照链接的范围可分为"内部链接"和"外部链接"。

站在搜索引擎的角度，链接会直接影响目标页面相关性及权重。前面介绍的三种链接对象中，在提高页面相关性方面影响最大的是文本，其次是图片，最小的是多媒体文件。

文本链接在提高目标页面相关性方面所起的作用最大，因为文本链接可以通过锚文本直接有效地表达目标页面的主题。例如在某页面中存在这样的一个链接：

< a href = " http：//www.seochat.org" >搜索引擎优化</a>

该链接通过锚文本"搜索引擎优化"表达了目标页面的主题。

在使用文本作为链接对象时，应该尽量使用那些与目标页面主题相关的关键词作为锚文本。例如，在同一页面上分别使用以下两个不同锚文本的链接：

链接 1：< a href = " http：//www.eccreat.com" >seochat</a>

链接 2：< a href = " http：//www.eccreat.com" >搜索引擎优化</a>

在提高网站"www.eccreat.com"与关键词"搜索引擎优化"相关性方面，链接 2 所起的作用远远大于链接 1。

在同一页面中，即使链接的锚文本相同，目标页面与锚文本间的相关性也会

由于锚文本样式的不同而有所差异。例如，

链接 1：< a href = " http：//www. eccreat . com" >搜索引擎优化 </a >

链接 2：< a href = " http：//www. eccreat . com" > < b >搜索引擎优化 </b > </a >

在这两种链接方式中，链接 2 在提高目标页面与锚文本"搜索引擎优化"相关性方面所起的作用要比链接 1 大。

由于搜索引擎并不能识别图片里的文本内容，图片链接在提高页面相关性方面所起的作用几乎是可以忽略的。但是，在使用图片作为链接对象时，可以通过设置图片的 alt 标签属性值来表达目标页面的主题。

例如：

< a herf = " http：//www. eccreat . com" > < img src = " http：//www. eccreat. com/

LOGO. gif" alt = """ 搜索引擎优化 " > </a >

在上例中，通过设置 alt 标签属性值来提高网站 "http：//www. eccreat . com" 与关键字 "搜索引擎优化" 的相关性。但是，这种间接的表达方式所起的作用远不如文本链接。

搜索引擎解析多媒体文件的几率是非常低的，某些搜索引擎甚至会忽略多媒体文件。因此，多媒体文件链接在提高目标页面相关性方面所起的作用是可以忽略的。所以，对于重要的目标页面，应该优先使用具有特别样式的文本作为链接对象，且锚文本应该采用与目标页面主题相关的关键词，这样就可以在最大限度上提高目标页面的相关性。

2. 站内链接的优化

对于站内链接的优化经验总结如下：

（1）给网站建立地图

这里主要介绍思路，其实地图的作用主要是提高搜索引擎的工作效率，让网站的每个页面都呈现在搜索引擎面前，这样抓取的概率也大。对于网站地图的格式有 HTML、XML、TXT 等，建议做成 HTML，这样更符合百度的习惯。

（2）导航

做导航时候要注意尽量不用 Flash、图片、js 等，因为目前的搜索引擎是抓取不到这些的，不过如果非要用图片做的话，可以加入 < alt > 标签。导航其实可以分为很多种，如主导航、副导航、路径导航等。

（3）站内锚文本

即包含超链接的文字，锚文本可以传递权重，提高用户体验。

（4）相关文章

如上一篇、下一篇、相关文章或者最近发表等，这里其实也是增加了用户体验和曝光率，提高抓取率。

（5）点击次数

点击次数就是网站最底层的文章从首页面进来需要的点击次数，最好不要超过 3 次。对于大型网站也许会超过 3 次，这里主要针对一般的网站，所以要在网站正式推出前就在结构上设计好，以免后期进行改动。

（6）权重合理分配

一般来说，首页会被赋予最高的权重，栏目次之，最后是内容页。但实际上发现很多网站只是给了首页外链或者内链，而对内容页或栏目页根本不重视。这是一个很大的思想误区，其实首页、栏目和内容页都要兼顾，这样网站才能良性发展。

（7）其他

站内链接需要注意的东西还有很多。给大家一个思路，多去一些大型网站、做了整体 SEO 的知名网站、排名较好的网站，观察这些网站的站内链接是如何做的。

3. 内部链接

内部链接指网站内部页面间的链接关系，反映了网站内部页面间的信任关系。内部链接除了直接决定网站的逻辑结构，影响搜索引擎对网站页面的收录外，还影响网站中每个页面的权重及相关性。

（1）内部投票机制

在网站内部，如果某一页面中存在链接指向另外一个页面，即表示该页面对于被链接页面是信任的，从而投了它一票。通过分析内部页面间的链接关系，搜索引擎可以从中筛选相对重要的页面。

例如在同一个网站中，页面 A 存在链接指向页面 B，即页面 A 给 B 投了一票。搜索引擎可以根据网站内部页面间的连接关系统计得出页面的得票数，从而计算出每个页面的内部链接权重。在网站内部投票中，页面得到的投票数越多，其重要性就越大，内部链接权重就越高。因此，在网站进行优化时，应该让网站中相对重要的页面得到更多的内部导入链接。

由于在提高目标页面与关键字相关性方面，文本链接所起的作用最大，因此，在规划网站内部链接时，应该优先使用文本作为链接对象，且锚文本应该采用与目标页面主题相关的关键词。

（2）内部链接数量

搜索引擎对每个页面的内部链接数量是有一定限制的，如果页面的内部链接数量超过限制，搜索引擎就可能会忽略该页面，或者忽略该页面中超出限制的那部分链接所指向的目标页面。因此，在规划页面时，要尽量把页面的内部链接数量控制在合理的范围。

如 Google 就明确要求页面上的内部链接数要限制在 100 个以内。如果某页面的内部链接数超过 100 个，Google 就有可能会忽略该页面，或者忽略 100 个以后的那部分链接指向的目标页面。

（3）内部链接意义

由于网站所有者不但可以控制网站内部链接的对象，还能随意调整每个页面的导入、链接数量，从而控制内部页面的权重与相关性。相对于外部链接，搜索引擎对内部链接的重视程度较低，即内部链接在决定页面权重及相关性方面所起的作用较低。

4. 外部链接

外部链接是指本网站以外的链接，表达的是网站间的链接关系，反映了网站间的信任关系。与内部链接相反，外部链接具有不可操控性，即网站所有者不能通过正规的手段操控本站以外页面的导入（导出）链接数、链接对象及链接目标。因此，网站所有者并不能操控页面的外部链接权重。例如，你是网站 A 的所有者，你控制不了网站 B 的页面上的导入（导出）链接数、链接对象及链接目标。

外部链接是互联网的血液。没有链接，信息就是孤立的，结果就是我们什么都看不到。在一个网站内部，许多网页需要互相串联在一起，组成一个完整的信息站点。这是因为一张网页根本不能承载所有的信息，所以需要分成一个主页和各个分页；另外，一个网站也很难做到面面俱到，因此需要链接到别的网站，将其他网站所能补充的信息吸收过来。外部链接不在于数量，而在于发出去外部链接的质量。外部链接的效果不仅会为了网站 SEO 提高网站的权重，还会提高某个关键词的排名，一个高质量的外部链接可以给网站带来很好的流量。

（1）外部投票机制

如网站 A 的页面 A–1 上存在链接指向网站 B 的页面 B–1，则表明网站 A 对于网站 B 是信任的，从而投了它一票。

同样，搜索引擎可以根据网站间页面的链接关系统计出每个网站的每个页面得到的外部投票数，从而计算出页面的外部链接权重。在外部投票机制中，页面得到的投票越多，其重要性就越大，外部链接权重也就越高。而且，由于外部链接存在不可操控性，通过外部投票机制"推选"出来的页面，其重要性相对更高。

在提高目标页面相关性方面，也应该优先选择文本作为链接对象，且锚文本应该使用与目标页面主题相关的关键词。此外，在选择外部链接时，还要考虑外部链接所在源页面的主题,即网站相关性的问题。在外部链接关系中,如果链接双方页面的主题是相同或相近的,则该链接在提高目标页面相关性方面所起的作用是巨大的。

(2) 外部链接的数量

如果忽略链接在源页面中的位置及存在时间,所有外部链接指向的目标页面也是以平均方式继承源页面的权重。因此,如果页面中存在过多的外部链接,不但会减少外部目标页面继承的权重,也会给网站内部页面带来致命的打击,甚至被搜索引擎视为垃圾链接页面。

例如很多网站的友情链接页面,动辄就是几百个外部链接。对于这样的页面,搜索引擎就会把它当作垃圾链接页面。

一般情况下,页面的外部链接数在 100 个以内时都是合法的。但综合考虑内、外部目标页面的权重继承等问题,在友情链接页面中,外部链接数最好控制在 40 个以内;其他重要页面的外部链接数最好控制在 20 个以内,如网站首页等。

(3) 外部链接的作用

① 提升网站的 PR 值。PR 值是传递的,这个就是为什么如果你的 PR 值比对方低,人家都不愿意跟你交换的原因,虽然多次提到 PR 对某些搜索引擎,如百度的作用不大,但是在交换友情链接时,很多站长还是会把这个因素考虑进去。很多时候我们就因为这一点,错失了优质链接。

② 提高网站关键字的排名。一般做友情链接时,都会给别人做一个锚文本,往往这个锚文本就是我们这个站点的一个关键词,友情链接就是最好的外链之一,这个与我们在论坛、博客做签名的作用是一样的,目的就是为了提高这个关键词的排名。

③ 带动网站的快照。搜索蜘蛛是通过链接来抓取的,一个快照新的站点说明是受到搜索蜘蛛喜爱的。我们和这些快照新的站点做友情链接,这样搜索蜘蛛在抓取其他网站的时候,也会通过链接来到我们的站点,就可以加快更新网站的快照。

④ 提高网站权重。来自首页的链接越多，证明网站的权重越好，而友情链接一般都来自首页的链接，要是别人给我们做全站链接则更好，因为给的权重越高。友情链接站点导出链接越少，对我们越有利，因为人少，分的东西就越多。

⑤ 提高网站的访问量，减少网站跳出率。我们和相关性的站点做友情链接，但还是有流量进来的，只是通过这种链接赶过来的流量很少，但也算是额外的流量。网站跳出率低，证明我们的站点越好。

（4）增加外链的途径

① 可以找朋友、合作伙伴的网站并加上你的链接。如果他们愿意，单向链接是最好的。

② 在 Google 和百度等搜索引擎查询你网站的主题，看看排在第一页的网页的反向链接，然后联系这些排名靠前的链接的网站交换链接，或付费跟他们做单向链接。

③ 查询排名好的大网站，定期到他们站上发表一些原创文章，在文章中巧妙地带上你网站的地址。

④ 去一些大型博客，尤其是已经被搜索引擎收录的个人博客，给他们评论时加上你的网站链接，同时注意查找与你网站主题内容相关的博客评论。注意，不相关的外链只会变成劣质外链。

⑤ 如果你有不错的技术，且你网站全部是原创的话，把你的网站内容输出成 RSS（Really Simple Syndication，聚合内容），提交到 Google 和百度等搜索引擎的新闻中心。这样，就会有上万 IP 来访问你的网站，你的内容也会被很多网站引用。

⑥ 将网站提交给开发目录 DMOZ 网站（dmoz.org），DMOZ 收录网站的时间较长，可能需要 1 个月甚至 1 年时间，但收录后效果非常明显。

⑦ 在百度知道等问答系统，搜索你网站的关键词，回答相关问题并留下你网站的网址，注意一天不要回答太多，一般不要超过 5 个，不然你的 ID 就会被封。

⑧ 如果你经常上论坛的话，可以把论坛的个性签名改成你网站的关键词链接。

（5）增加外链的注意事项

① 增加外链在短时间内并不是越多越好，每天一两条就够了，让搜索蜘蛛程序觉得是正规自然的，一定不要再通过网站优化外链群发软件去做大量外链，不然只会让搜索引擎注意到你，最终可能封杀你的网站，所以坚持才是重点。

② 跟别人交换链接时一定要用 Site，即对方网站网址，检查对方网站是否被谷歌和百度等搜索引擎收录，如果未收录，请千万别加他的友情链接，也许这个站是被搜索引擎封杀过的，加上后可能会被连累。交换友情链接注重的是相关性高，与不相关的网站交换，权重再高但如果不符合用户体验，带来的效果也是很小的。

③ 交换友情链接时链接锚文字一定要用你网站的关键词，这样作用才大。你在帮对方加友情链接时，一定要用对方相关的链接锚文字。

④ 一个页面上最多放 20 个友情链接，如果有更多，可制作一个更多的友情链接页面，包括对方给你做友情链接时，请不要做在链接超过 100 个的页面上，这样对你的 PR 值的提升并没有作用。

⑤ 如果对方把你的友情链接页面放在 IFRAME 框架里，不要跟他交换链接，因为搜索引擎根本抓不到 IFRAME 里的内容。

⑥ 如果对方网站给你做的友情链接目录下有 Robots.txt，且有 Disallow，还有友情链接的目录名，说明对方在告诉搜索蜘蛛不要去索引放在友情链接目录下的任何文件，这时不要跟对方交换链接。检查有没有 Robots.txt（在对方网址后加上"/Robots.txt"就可看到），如果没有，就说明他没有定义 Robots.txt，那就没关系了。

⑦ 有很多站点都在做"链接页"，如 links.htm、links.asp、links.cgo 等，如果搜索引擎看到这个，不仅可能把它当作一个内页链接，更有可能忽略不计，所以不要在这种页面上交换链接。

⑧ 一定要定期检查你网站的友情链接，防止垃圾外链和作弊外链。

⑨ 外链的位置也是一个很重要的因素。你的链接最好放在对方网站的头区（主导航区），主区（正文内容里），尾区（友情链接、次导航、版权及备案声明）。其中主区正文内容效果最佳，其次是主区，最后是尾区，大部分搜索引擎已经降低了友情链接对排名的影响，这里的反向链接也只能算是劣质链接。一个主区正文链接可以抵上百个尾区劣质链接。

⑩ 做友情链接时一定要用文字链接，不要用图片链接，因为搜索引擎抓对方网站时根本抓不到图片链接。

第 5 节　SEO 作弊方法

1. 内容作弊

（1）门户网页

很多网页被单独设计以得到较高的搜索排名，但是，它们对站点的访客没什么价值，这就是门户网页。搜索登录页面不是门户网页。

一个门户网页通常是被过度优化的（经常使用其他作弊手法），并且通过对网站的其他访客保持隐藏状态来吸引搜索者。通常门户网页从一套内容组合和大量的链接中得到较高的排名，它在网站上除了搜索排名没有其他的存在目的，并且不被网站其他的网页链接——只有链接从门户网页到网站上。因此，这是一扇只有打开才能进的门。

（2）关键词堆叠

这是大家熟知的关键词加载，这种技术其实就是一种对合理内容优化实践的滥用。在搜索登录页面上使用关键词是好的，然而当你只是为了吸引搜索引擎而增加它们，你的网页就会被标记。在轮番出现的图形或者文字中堆积与前后文无关的关键词，在 < noscript > 或者 < noframes > 标签里也有大量堆叠，其实是这种不道德技术的变体。但随着搜索引擎算法的改进，关键词密度已经不是一个重要的因素，这种作弊手法只能给网站带来麻烦。

（3）隐藏文本

隐藏文本是最早也是最简单的搜索引擎优化作弊方式之一，通过"隐藏"页面中堆砌的关键词，达到既增加关键词词频，提高页面相关性，又不影响页面美观及用户体验的目的。隐藏文本通常通过控制文本的字号及颜色属性值来实现。因此，这些隐藏文本对于普通用户来说是不可见的，但搜索引擎却可以识别。

HTML 提供了很多机会在搜索蜘蛛程序面前放置文本而让访客看不到。可以用难以置信的小尺寸展示文本，或者使用和背景颜色一样的字体颜色，再或使用在样式表中的网页上写关键词，再用图片或其他页面成分覆盖之。简言之，任何时候你从浏览器上看网页都发现不了，而通过 HTML 源代码就可以看见，这就可能是作弊——只有合法的 HTML 注释是例外，它会被浏览器和搜索蜘蛛程序同时忽略。

（4）隐藏真实内容

隐藏真实内容是指向用户和搜索引擎提供不同内容或网址的做法。如果基于用户代理提供不同的结果，可能会使您的网站被认为具有欺骗性，并将其从搜索引擎索引中删除。

隐藏真实内容的示例包括：

① 向搜索引擎提供 HTML 文字网页，而向用户提供图片网页或 Flash 网页。

② 向搜索引擎和用户提供不同的内容。

如果您的网站包含搜索引擎无法抓取的元素（如 Flash、JavaScript 或图片），请勿向搜索引擎提供隐藏的内容。更确切地说，您应考虑到，网站的访问者可能也无法查看这些元素。例如，对于浏览器中已关闭屏幕读取器或图片的访问者，请提供说明图片的替代文字；在非脚本标记中提供 JavaScript 中的文字内容。

请确保在两种元素中提供的内容是相同的，例如，在 JavaScript 和非脚本标记

第 5 章 技术成就排名：搜索引擎优化（SEO）

中提供相同的文字。如果替代元素中包含的内容明显不同，将导致搜索引擎对网站采取特别措施。

（5）重复的标签

指使用重复的标题标签或者其他的 mata 标签。同样的样式表方法可以隐藏文本，也可以在此之上覆盖文本，这样做屏幕上只显示一次，而在 HTML 文件上会列出很多次。

（6）镜像网站

广义上的镜像网站是指那些复制或者抄袭其他网站内容的网站。常见的镜像网站有三种：

① 克隆网站，指在内容完全相同的网站上绑定多个域名（这些内容可能在同一服务器上，也可能在不同的服务器上）。

② 为内容完全相同的网站制定多套不同风格的页面模板，再绑定多个域名。

③ 数据采集网站，指网站中所有的内容都是通过采集程序采集而来的。

用稍许不同的内容将站点复制在不同的域名之下，并且让每个站点彼此链接，就会使站点可以在排名结果中多占席位。

（7）伪装

伪装（Cloaking）是指根据用户身份返回不同页面的行为，是门页最常用的跳转方式之一。例如，面对搜索引擎及普通用户返回不同的页面，对搜索引擎返回经过特别优化的页面，而对普通用户则返回正常的页面。不管在什么情况下，伪装都是欺骗搜索引擎的违规行为，因此被发现后会受到搜索引擎的惩罚。

（8）恶意刷新点击率

有的网站为了增加被搜索的概率，用动态 IP 程序恶意刷新页面，以增加访问量。关键词的日点击量突然飙升、同一 IP 点击次数过多或过于频繁、每次点击的平均页面浏览量突然下降、关键词的转换率某日突降、关键词流量的平均停留时间突然下降和日消费金额突然飙升等任一情况发生，都可能被搜索引擎判定为恶意刷新点击率。

（9）302 重定向

302 重定向为暂时性转移，也被认为是暂时重定向（Temporary Redirect），一个暂时重定向是一种服务器端的重定向，能够被搜索引擎 Spider 正确地处理，适用于临时更换域名或目录名称等情况。常见的 302 重定向方式包括"meta 重定向"及"JavaScript 重定向"。在使用 302 暂时性重定向时必须十分谨慎，否则很容易会陷入门页的误区而遭到搜索引擎的惩罚。

2. 链接作弊

链接作弊是指利用搜索引擎对外部链接关系的重视，围绕建立外部链接而开展的一系列欺骗搜索引擎的行为。

（1）垃圾链接

垃圾链接指通过非正当手段获得大量高质量或者低质量外部导入链接的行为。从导入链接所在页面质量的角度，垃圾链接可以分为高质量垃圾链接和低质量垃圾链接；从源页面与目标页面链接关系的角度，可分为单向垃圾链接和双向垃圾链接。

① 高质量垃圾链接

高质量垃圾链接是指通过非正当手段从高质量页面中获得导入链接的行为，通常会出现在维基类网站中（如维基百科和百度百科等）。

高质量垃圾链接所在的源页面有一个共同的特点，就是这些页面具有可编辑性，垃圾链接制造者就是通过编辑这些页面达到发布垃圾链接信息的目的。

② 低质量导入链接

低质量导入链接是指通过非正当手段从低质量页面中获取导入链接的行为。低质量垃圾链接通常会出现在论坛、留言板、自助链接系统及博客等页面上，垃圾链接制造者通过群发信息软件实现垃圾链接信息的传播。

判断一个页面是否属于低质量页面，有两个基本条件：一是页面自身的权重（如可以通过谷歌 PR 值的高低作为参考指标）；二是该页面中导出链接的数量。

第 5 章 技术成就排名：搜索引擎优化（SEO）

③ 单向垃圾链接

单向垃圾链接是指通过非正当手段单方面获得导入链接的行为。单向垃圾链接常出现在论坛、博客、百科、留言本等页面中，垃圾链接制造者通常通过群发信息软件，在这类页面上发布链接信息。

④ 双向垃圾链接

双向垃圾链接是指那些既提供导出链接，同时又获得导入链接的行为（与外部导出链接数较大的低质量页面建立链接关系，是最常见的双向垃圾链接）。

双向垃圾链接的特征是：得到导入链接的一方，同时又是导入链接的提供者。根据这种关系，搜索引擎轻易就能识别双向垃圾链接。

⑤ 垃圾链接识别

垃圾链接严重影响搜索结果的质量，因此，搜索引擎对垃圾链接的打击是非常严厉的，轻者降低权重，重者直接从搜索引擎索引中清除。常用的方法有以下几种：人工检查、用户举报和程序跟踪。

（2）Wiki 作弊

Wiki 是一种网上共同协作完成某一个共同任务的超文本系统，可由多人共同对网站内容进行维护及更新。最著名的 Wiki 要数维基百科，Google 对其相当重视。2004 年前后，维基百科在中国开始流行，很多所谓的 SEOer 利用谷歌对维基百科的重视，在其页面上发布大量的链接，导致维基百科的很多页面上充斥着大量的垃圾信息。随后，以谷歌为先锋，主流搜索引擎都对这些恶意发布垃圾链接的站点进行"大清洗"。

在 Wiki 里，垃圾链接信息有两个基本特征：第一，同一网站的链接信息在 N 张页面上重复出现，或者同一网站的链接信息在同一页面中重复出现 N 次；第二，链接以一个或者多个关键词作为锚文本。

（3）博客（blog）作弊

博客（Web Log 的简写，意思是网络日记）是一种在线个人刊物，一种互联网上定期发表的专栏。有的博客就像某人的私人日记，但是也有的更像是杂志专栏，紧密地围绕在一个兴趣主题上。很多博客非常受欢迎并且文笔优美，而且搜索引擎将其重要性与制作精良的网页同样看待，因此从这些博客上来的链接对于搜索引擎营销人员来说非常重要。读者可以订阅博客以读到最新发表的内容，并且可以发表他们自己的评论——但这就是出现问题的地方。博客作弊的人通常发表不相关的信息，这些信息含有通往一些 URL 的链接，以便使作弊者达到推动搜索排名的目的。很多博客作者甚至都不让读者发表评论了。

（4）留言板作弊

这种作弊方法和博客作弊有些相似。留言板允许访客发布其联络信息以及对网站的意见。不幸的是，作弊者开始在留言板里发布他们网站的 URL 来引起搜索引擎的注意。博客和留言板作弊者实际上都是使用程序来自动发布他们的 URL，使得他们增加几千个链接而不需要手工劳动。

（5）论坛作弊

论坛垃圾链接是指在论坛上发布链接信息的行为，论坛垃圾链接具体有以下几个特征：

① 发表内容者来源于同一账户或者 IP；

② 一般由群发软件完成，数据量巨大、发贴时间接近；

③ 贴子或者回复内容也是以发布链接信息为主，通常以一个或多个关键字作为锚文本。

（6）自助链接作弊

如果在低质量页面中不加分类地添加数量巨大的外部导出链接，则会被认为是垃圾链接页面。如果垃圾页面间存在链接关系，则构成自助链接行为。例如，在 A 和 B 两个垃圾链接页面中，页面 A 中存在链接指向页面 B；反过来，页面 B 中也有链接指向页面 A，则页面 A 和页面 B 就构成自助链接行为。

（7）购买链接作弊

购买链接是指向一些高质量的网站购买导入链接的行为，购买链接行为具有

第 5 章 技术成就排名：搜索引擎优化（SEO）

以下四大特征：链接单向性、出售导入链接网站与购买链接网站在主题上毫不相关、导入链接数量巨大、链接对象是文本。

（8）隐藏的链接

隐藏链接使得你的链接可以被搜索蜘蛛程序看到而用户看不到，因此可以在高排名的网页上堆积很多链接，指向你想要推动排名的其他页面。

（9）伪造的双向链接

很多的站点会链接到你的站点，前提是以链接他们的站点作为回报，但是有些人会试图使用搜索引擎看不到的链接来欺骗你。通过那种方式，你以为得到了链接，但是搜索引擎并不给你相应的认可，却使你的"合作伙伴"从你的站点得到了更有价值的单向链接。

3. 作弊处罚

搜索引擎一旦发现某个网站存在违规行为，会在不通知的情况下立即对该网站进行相应的惩罚。搜索引擎对违规网站有两种处理方式：第一，降低权重；第二，直接从索引中清除。

（1）降低权重

如果某网站被搜索引擎降权，通常会出现以下现象：

① PR 值突降，例如，网站的 PR 值由原来的 5 下降至 0；

② 网站在某些关键词搜索结果中的排名突然下降，例如，从第 1 名突然降到第 100 名以后，甚至找不到；

③ 页面收录数剧减，即由于搜索引擎对网站进行降权或者清除那些存在违规行为的页面，因而导致网站的页面收录数剧减。例如，网站的页面收录数从一百万突减到一百，甚至只剩下首页。

（2）列入黑名单

对于作弊情节比较严重的网站，搜索引擎会将其列入黑名单，即从索引中清除该网站的所有数据。如果在搜索引擎中连续几天都找不到你的网站（如一个星期），则你的网站可能已经被搜索引擎从索引中清除。

　　检验网站是否被搜索引擎从索引中清除的最简单方法，就是查看该网站页面被收录的情况。可以通过在搜索引擎中搜索"site：你的域名"查看网站页面被收录的情况。

本章重点、难点分析

　　（1）SEO 的六个主要环节。
　　（2）关键词优化。
　　（3）URL 网页地址优化。
　　（4）链接策略。
　　（5）SEO 常见的作弊方法。

本章小结

　　搜索引擎优化是适应网络技术发展与信息网络社会变革的新生事物，作为适应网络经济时代的网络虚拟市场的新营销理论，搜索引擎优化是市场营销理论在新时期的发展和应用，是运用网络手段进行各种营销推广活动的核心部分。通过对搜索引擎优化的基本理念和实务的学习，要使学员达到能熟练运用各种搜索引擎优化工具进行企业网络营销工作的目的。使学员会运用搜索引擎优化的工具，能分析企业的网上目标市场规模及结构，能以营销思想为导向进行网站内容的优化，能进行网站的推广。通过对本章的学习，要求学生掌握搜索引擎优化问题的分析、策划、组织和控制，具有搜索引擎优化运作能力。

本章思考题

　　（1）SEO 的主要环节有哪些？

（2）分析 SEO 与竞价排名的优势、劣势。

（3）影响 SEO 排名的主要因素有哪些？

（4）关键词优化布局的原则是什么？

（5）分析动态 URL 和静态 URL 的优势、劣势？

（6）网站链接结构优化中，链接结构的作用有哪些？

（7）列举网站中重要的几处内部链接设计。

（8）如何设置 301 定向？

第 6 章
追求最高的性价比：
搜索引擎营销（SEM）

越细分的专业化市场，一家公司如果想让消费者快速、准确地了解自己的服务和商品，就必然依靠互联网搜索。那些无法在百度等搜索平台上找到的公司将很难生存。

——吴晓波 财经作家

第 1 节　SEM 基础

1. SEM 的概念

SEM（Search Engine Marketing，搜索引擎营销），是一种以通过增加搜索引擎结果页能见度的方式来推销网站的互联网营销模式，让用户发现信息，并通过搜索引擎搜索点击进入网站或网页进一步了解所需要的信息。也就是说 SEM 是在互联网上以搜索引擎为平台，以调整网页在搜索结果页上的排名从而给网站带来访问量为手段，针对搜索引擎用户展开的营销活动。

SEM 基本过程是企业信息发布在网站上成为以网页形式存在的信息源，搜索引擎将网站或网页信息收录到索引数据库，用户利用关键词进行检索，检索结果中罗列相关的索引信息和链接，根据用户对检索结果的判断选择有兴趣的信息并点击链接进入信息源所在网页，实现转化。

SEM 追求高性价比，以最小的投入获得最大的来自搜索引擎的访问量，并产生商业价值。用户在检索信息时所使用的关键字会反映出用户对某问题或产品的关注，这种关注就是搜索引擎被广泛应用于网络营销的根本原因。

SEM 主要实现方法包括：竞价排名、分类目录登录、搜索引擎登录、付费搜索引擎广告、关键词广告、来电付费广告、搜索引擎优化、地址栏搜索、网站链接策略等。

2. SEO 和 SEM 的区别

SEO（Search Engine Optimization，搜索引擎优化）是针对搜索引擎的理论机制，在了解搜索引擎自然排名机制的基础上，对网站进行内外部的调整优化，改进网站在搜索引擎中的关键词自然排名，获取更多流量，从而达到网站销售及品牌建设的目标。通俗地说，SEO 是基于搜索引擎排名对自己的网站进行优化，通

第 6 章　追求最高的性价比：搜索引擎营销（SEM）

过对网站的结构、标签、内容等各方面进行优化，从而使搜索引擎更容易搜索到网站的内容，并且让网站的各个页面在搜索引擎中获得较高的权重，从而获得良好的排名和流量。

SEM 是基于搜索引擎平台的网络营销，利用人们对于搜索引擎的依赖和使用习惯，在人们搜索信息的时候，把所要营销的信息展现在用户面前，从而提高网站可见度，带来流量。所以，SEO 是属于 SEM 的一部分，SEM 包含了 SEO。

SEO 和 SEM 最主要的区别是最终目标的不同：SEO 主要是为了关键词的排名、网站的流量、网站的结构、搜索引擎中页面收录的数据；而 SEM 是在 SEO 技术基础上扩展搜索引擎中所带来的商业价值，策划有效的网络营销方案，包括一系列的网站运营策略分析，并进行实施，对营销效果进行检测。

3. SEM 的价值

企业通过搜索引擎营销的手段，可达到如下六个方面的主要目标：

（1）网站推广，即通过搜索引擎推广实现网站访问量增加的目的；

（2）产品推广，与网站推广类似，可以对具体产品进行针对性地推广，让更多用户发现产品信息，尤其通过购物搜索引擎等方式，可以实现对多种产品的比较，为用户获取购买决策信息提供支持；

（3）提升企业和网站的网络品牌；

（4）网络广告媒体，且比一般基于网页的网络广告具有更高的定位程度；

（5）对竞争者研究、用户行为研究等方面有着重要作用；

（6）发现商业机会，通过搜索引擎可以获得各种网上发布的商业信息，从中筛选后可能发现有价值的信息。

4. SEM 的发展阶段

第一阶段（1994—1997 年）：将网站免费提交到主要搜索引擎，代表者为雅虎。

第二阶段（1998—2000 年）：技术型搜索引擎的崛起引发的搜索引擎优化策略，代表者为谷歌。

第三阶段（2001—2003 年）：搜索引擎营销从免费向付费模式转变，代表者为 Sohu。

第四阶段（2003 年以后）：从关键词定位到网页内容定位的搜索引擎营销方式，代表者为 Google AdSense。

5. SEM 的基础术语

（1）API

API（Application Programming Interface，应用程序编程接口）是应用程序界面，向用户提供一系列标准 Web 服务。

API 的适用对象是搜索推广的大客户和第三方，包括搜索引擎营销商、代理机构和其他管理多个客户账户及大型推广账户的在线营销专家。

（2）日均搜索量

日均搜索量指关键词每天在搜索引擎上的搜索请求总数，反映某个关键词被网民搜索的情况。

（3）展现量

展现量指在一个统计周期内，推广信息被展现在搜索结果页的次数。

（4）点击率

点击率指在一个统计周期内，推广信息平均每次展现被点击的比率。

计算公式：*点击率 =（点击量/展现量）×100%*

（5）平均点击价格

平均点击价格指平均每次点击推广信息所产生的消费。

计算公式：*平均点击价格 = 消费金额/点击次数*

（6）千次展现消费

千次展现消费指推广信息被展现一千次的平均价格。

计算公式：每千次展示消费 =（消费金额/展现量）×1000

（7）流量

泛指网站的访问量，在不同的语境下，可以用不同的指标来衡量，比如访客数、访问次数或浏览量等，反映到达目标网站的访问数量。

（8）访问次数

访问次数指在一个统计周期内，独立访客访问被统计对象的次数之和。例如，如果访客在网站上的不活动时间超过一定时间长度，下次再有活动就算作新的会话，计为2次访问。

（9）平均单次访问时长

平均单次访问时长指在一个统计周期内，访客与被统计对象的平均会话时间。

计算公式：平均单次访问时长 = 总访问时长/总访问次数

（10）流失率

流失率指对指定路径对应的步骤而言，访客从该步骤进入下一条步骤的过程中流失的比例。

计算公式：本步骤的流失率 =［(本步骤的进入次数 – 下一步骤的进入次数)/本步骤的进入次数］×100%

（11）路径

路径指访客在目标网站上按照步骤设置最终抵达商户所设置的目标页面之前需要经过的一系列关键页面。

（12）转化

转化指潜在客户完成一次推广商户期望的行动。

转化是指潜在客户：

① 在网站上停留了一定时间；

② 浏览了网站上的特定页面，如注册页面，"联系我们"页面，等等；

③ 在网站上注册或提交订单；

④ 通过网站留言或网站在线即时通信工具进行咨询；

⑤ 通过电话进行咨询；

⑥ 上门访问、咨询、洽谈；

⑦ 实际付款、成交（特别是对于电子商务类网站而言）。

（13）转化目标

转化目标也叫作转化目标页面或目标页面，指商户希望访客在网站上完成的任务，如注册、下订单、付款等所需访问的页面。

（14）转化次数

转化次数也叫作转化页面到达次数，指独立访客达到转化目标页面的次数。

（15）转化率

转化率指在一个统计周期内，完成转化行为的次数占推广信息总点击次数的比率。

计算公式：转化率 =（转化次数/点击量）×100%

（16）平均转化价格

平均转化价格指平均每次转化所消耗的推广成本。

计算公式：平均转化价格 =（推广费用/转化次数）×100%

（17）投资回报率

投资回报率指推广商户通过推广所赚取的利益与其所付出的成本的比率。例如，推广商户花费了1000元进行搜索引擎推广并实现销售收入1500元。其投资回报率等于（1500 - 1000）/1000 = 50%。

（18）竞价排名

是指网站付费后才能出现在搜索结果页面，付费越高者排名越靠前；竞价排名服务是由客户为自己的网页购买关键字排名，按点击计费的一种服务。

第 2 节　搜索引擎营销模式

1. 免费、付费登录分类目录

通过手工和软件自动提交，使得网站被相关的搜索引擎收录，创造搜索引擎营销的先决条件。进行提交时需要提交的内容包括网站名称、URL、关键词、网站描述、联系人信息等。

目录列出了与它的主题类别列表中与各主题最相关的网站列表，需要将你的网站提交给目录网站，以使网站显示在适当的主题类别之下。

目录列表是最早的搜索付费载体，一般使用在目录网站上。目录网站是通常由编辑人工维护，按照主题来排列网站的站点。

目录列表通常保证推介你的网站或是网站的一部分，但并不承诺你的网站会出现在列表的哪一部分，或者有多少人会点击你的网站。目录的编辑决定你的网站被放到什么主题类别之下，你也可以要求一个具体的类别。绝大多数网站在一个主题类别中只有一个链接通往他们的主页，但是中到大型的公司有多个不同主题的网页，这样就可以得到多个目录列表。

Open Directory 是一个免费的目录，使用志愿者作为编辑，也被称为"ODP"（Open Directory project，开放目录项目），但它还有个别名是"DMOZ"（Directory Mozilla）。

目录是使站点被注意的一种廉价的方式，对搜索结果排名有所帮助。目录经常与其他的站点联合使用其结果。雅虎在很多的搜索站点显示其目录，包括雅虎自己，几乎所有的搜索引擎都显示 Open Directory 结果，也包括谷歌（作为谷歌目录），不过使用目录的人远远少于进行搜索的人。

免费登录分类目录是最传统的网站推广手段，由于目前大多数搜索引擎都开始收取费用，免费登录分类目录的营销效果已不尽如人意，以当前的发展趋势，这种方式已经逐步退出网络营销的舞台。付费登录分类目录是网站缴纳相应费用之后才可以获得被收录的资格，此类模式与网站本身的设计基本无关，主要取决于费用。

2. 搜索引擎优化

SEO 是按照一定的规范，通过对网站功能和服务、网站栏目结构、网页布局和网站内容等网站基本要素的合理设计，增加网站对搜索引擎的友好性，使得网站中更多的网页能被搜索引擎收录，同时在搜索引擎中获得较好的排名，从而通过搜索引擎的自然搜索尽可能多地获得潜在用户。着眼点不仅考虑搜索引擎的排名规则，而且更多地考虑到如何为用户获取信息以及服务提供方便，此外，细分目标客户群，分析消费者心理，研究他们对关键词的界定，帮助企业在关键词的选择上有的放矢。

如果登录的搜索引擎是属于技术性搜索引擎，如谷歌、雅虎等，则需要了解该搜索引擎的排名计算法则，之后根据该搜索引擎的排名计算法则进行搜索引擎优化，通过对网站的优化可以使得网站获得靠前的排名。

3. 关键词竞价排名

竞价排名即网站缴纳费用后才能被搜引擎收录，费用越高者排名越靠前。竞价排名服务是由客户为自己的网页购买关键词排名，然后按点击计费的一种服务。通过修改每次点击付费价格，用户可以控制自己在特定关键词检索结果中的排名，也可以通过设定不同的关键词捕捉到不同类型的目标访问者。

如果登录的搜索引擎的排名计算法则采用的是竞价机制，即按照付费最高者排名靠前的原则，如百度等，则需要根据成本效益原则，对关键词进行竞价，从而获得相应的排名。

竞价排名见效快，只要充值并设置关键词价格后即刻进入搜索引擎排名前列，而 SEO 的效果较慢，一般要三个月以上才能见效。同时竞价排名具有精准投放和关键词无限量等优势。但存在费用高和有可能被竞争对手和广告公司恶意点击等缺点。

4. 关键词广告

关键词广告是指显示在搜索结果页面的网站链接广告，也称"关键词检索"；简单来说就是当用户利用某一关键词进行检索，在检索结果页面会出现与该关键词相关的广告内容。由于关键词广告是在特定关键词的检索时才出现在搜索结果页面的显著位置，所以其针对性非常高，被认为是性价比较高的网络推广方式。

关键词广告本质上属于网络广告的范畴，是网络广告的一种特殊形式，具有较高的定位程度，可以提供即时的点击率效果，还可以随时修改关键词，收费也比较合理，因而逐渐成为搜索引擎营销的常用形式。

关键词广告是 SEM 常用模式之一，它根据企业注册的关键词将相关的营销信息在搜索结果中展现给消费者，不同的搜索引擎关键词广告显示的方式也不尽相同，有的显示在搜索结果的最前列，有的显示在专用的位置。关键词广告有定位性强、效果已控制、按效果付费等优点。如图 6-1 所示。

图 6-1　关键词广告示例

互联网营销

5. 网页内容定位广告

网页内容定位广告是关键词广告模式的一种延伸,广告不仅出现在搜索引擎的结果页面,还出现在搜索引擎合作伙伴的页面,如图 6-2 所示。

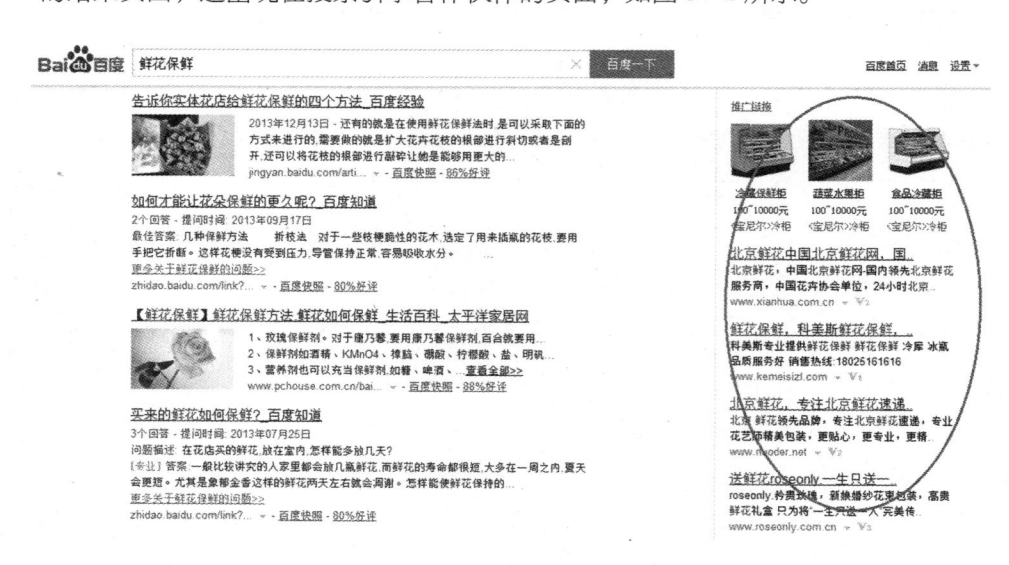

图 6-2 网页内容定位广告示例

值得注意的是,网页内容定位的网络广告可以做到的并不仅仅是将关键词检索广告增加一种显示方式,由于大大拓展了广告投放的空间,增加了被用户浏览的机会,实际上已经超出了关键词检索的基本形态。如果谷歌愿意,它可以采用像亚马逊那样的会员制营销模式,让全世界数以百万计的网站都成为谷歌网页内容定位广告的载体。并且因为谷歌目前拥有全球 30 亿个网页的数据检索资料,自然清楚哪些网页应该显示哪些相关的广告,这种资源优势是任何一家网络广告公司都不能相提并论的。

第 3 节　搜索引擎营销付费方式

1. CPM（Cost per Thousand，每千人成本网上广告收费）

CPM 是千人成本，指的是广告投放过程中，听到或者看到某广告的每一人平均分摊到多少广告成本，传统媒介多采用这种计价方法。千人成本并非是广告主衡量媒体的唯一标准，只是为了对不同媒体进行衡量不得已而制定的一个相对指标。

在网上广告中，CPM 取决于"印象"尺度，通常理解为一个人的眼睛在一段固定的时间内注视一个广告的次数。比如一个广告横幅的单价是 1 元/CPM 的话，意味着每一千人次看到这个广告横幅的话就收 1 元，以此类推，一万人次访问的主页就是 10 元。

计算公式：千人价格 =（广告费用/到达人数）×1000

其中广告费用/到达人数通常以一个百分比的形式表示，在估算这个百分比时通常要考虑其广告投入是全国性的还是地域性的，通常这两者有较大的差别。CPM 虽然是广告主做出决策的参考数据之一，但不是唯一的参考依据，在综合决策过程中充其量只是一个辅助参考而已。

2. CPC（Cost per Click，每点击成本）

CPC 是指用户每点击一次，广告主需要支付的费用。例如一条广告的总成本是 1000 元，其中该广告被点击了 10000 次，那么这则广告的点击成本为 1000÷10000 = 0.1 元。

计算公式：CPC = 总成本/广告点击次数

这种方法加上点击率限制可以加强作弊的难度，而且是宣传网站站点的最优方式。但是，此类方法也有不少经营广告的网站觉得不公平，比如，虽然浏览者没有点击，但是他已经看到了广告，对于这些看到广告却没有点击的流量来说，网站成了"白忙活"，因此有很多网站不愿意做这样的广告。

3. CPA（Cost per Action，每行动成本）

所谓每行动成本就是广告主为用户的每次行动所付出的成本，也称按效果付费成本，是指按广告投放实际效果，即按回应的有效问卷或定单来计费，而不限广告投放量。每次行动的费用根据每个访问者对网络广告所采取的行动收费的定价模式。这种模式对于用户行动有特别的定义，包括形成一次交易、获得一个注册用户或者对网络广告的一次点击等。

计算公式：CPA = 总成本/转化次数

例如，一定时期内一个广告主投入某产品的网络广告费用是 6000 元，这则网络广告的曝光次数为 600000 次，点击次数为 60000 次，转化数为 1200。那么这个网络广告的每行动成本为：CPA = 6000/1200 = 5 元。

由于 CPA 计价方式是按广告投放的实际效果，即按回应的有效问卷或定单来计费，而不限广告投放量，因此对于网站而言有一定的风险，但若广告投放成功，其收益也比 CPM 的计价方式要大得多。

但 CPA 模式在充分考虑广告主利益的同时却忽略了网站主的利益，也因此遭到了越来越多的网站主的抵制。网站主们普遍不愿意拿优质广告位投放冷门产品的 CPA 广告，因为广告被点击后是否会触发用户的消费行为或者其他后续行为（如注册账号等），最大的决定性因素不在于网站媒体，而在于该产品本身的众多因素（如该产品的受关注程度和性价比优势、企业的信誉程度，等等）以及现今网友对网上消费的接受状况等因素。因此越来越多的网站媒体在经过实践后拒绝 CPA 模式，CPA 收费广告很难找到合适的媒体。

4. CPR（Cost per Response，每回应成本）

CPR 是以浏览者的每一次回应计费，例如，网民在正确回答广告主设定的问题或者拨打了网上提供的直拨电话之后才被算作一次有效回应，且限定同一个 IP 在 24 小时内不能重复回答同一广告提出的问题。

这种广告计费模式充分体现了网络广告"及时反应、直接互动、准确记录"的特点，但是，这个显然是属于辅助销售的广告模式，大概所有的网站都会拒绝，因为得到广告费的机会比 CPC 还要渺茫。

5. CPP（Cost per Purchase，每购买成本）

广告主为规避广告费用风险，只有在网络用户点击旗帜广告并进行在线交易后，才按销售笔数付给广告站点费用。

无论是 CPA 还是 CPP，广告主都要求发生目标消费者的"点击"，甚至进一步形成购买，才予以付费；CPM 则只要求发生"目击"，就产生广告付费。

6. 包月方式

很多国内的网站是按照包月这种固定模式来收费的，但这对客户和网站都不公平，也无法保障广告客户的利益。虽然国际上一般通用的网络广告收费模式是 CPM（千人印象成本）和 CPC（千人点击成本），但在我国，一个时期以来的网络广告收费模式始终模糊不清，因此网络广告商们各自为政，有的使用 CPM 和 CPC 计费，有的干脆采用包月的形式，不管效果好坏，不管访问量有多少，一律一个价。尽管很多大的站点多已采用 CPM 和 CPC 方式计费，但很多中小站点依然使用包月制。

7. PFP（Pay for Performance，按业绩付费）

按业绩付费的模式将成为未来广告收费模式的主流。

互联网广告的一大特点是它以业绩为基础。对网站主来说，如果浏览者不采取任何实质性的购买行动，就不可能获利。基于业绩的定价计费基准有点击次数、销售业绩、导航情况，等等。不管是哪种，可以肯定的是这种计价模式将得到广泛的采用。

虽然基于业绩的广告模式受到广泛欢迎，但并不意味着CPM模式已经过时。相反，如果商家坚持这样做，那么受到损失的将会是它自己。一位资深分析家就指出，假如商家在谈判中不能灵活处理，而坚持采取业绩模式，将失去很多合作的机会，因为许多网站并不接受这种模式。

8. PPC（Pay per Cal，来电付费广告）

这是在欧美国家出现的一种广告推广计费模式，在国内称为"网站总机"。无论展示、点击都收取很少费用、甚至完全免费，当广告浏览者致电给广告主后，再收取相应费用。也就是说，按来电付费，是一种真正意义上的按效果付费的模式。

9. 其他计价方式

某些广告主在进行特殊营销专案时，会提出以下方法个别议价：

（1）CPL（Cost per Leads）：以搜集潜在客户名单多少来收费；

（2）CPS（Cost per Sale）：以实际销售产品数量来换算广告刊登金额。

总之，网络广告本身固然有自己的特点，但是玩弄一些花哨名词解决不了实际问题，一个网站想要具有广告价值，都是有着一定的发展历史，那么，在目标市场决策以后挑选不同的内容网站，进而考察其历史流量进行估算，这样就可以概算广告在一定期限内的价格。在这个基础上，根据不同性质的广告，可以把CPC、CPR、CPA这些指标当作为加权。

相比而言，CPM和包月方式对网站有利，而CPC、CPA、CPR、CPP或PFP则对广告主更有利。比较流行的计价方式是CPM和CPC，最为流行的则为CPM。

第 4 节　搜索引擎营销的一般流程

1. 搜索引擎营销的方法步骤

第一步：了解产品/服务针对哪些用户群体；

第二步：了解目标群体的搜索习惯，即目标群体习惯使用什么关键词搜索目标产品；

第三步：目标群体经常会访问哪些类型的网站；

第四步：分析目标用户最关注产品的哪些特性（影响用户购买的主要特性，例如品牌、价格、性能、可扩展性、服务优势，等等）；

第五步：竞价广告账户及广告组规划（创建谷歌及百度的广告系列及广告组；需要考虑管理的便捷及广告文案与广告组下关键词的相关性）；

第六步：相关关键词的选择（我们可以借助谷歌关键词分析工具及百度竞价后台的关键词分析工具，这些工具都是根据用户搜索数据为基础，具有很高的参考价值）；

第七步：撰写有吸引力的广告文案；

第八步：内容网络广告投放；

第九步：目标广告页面的设计；

第十步：基于 KPI 广告效果转换评估。

2. 基于百度推广的具体操作流程

根据百度推广官方说明（实际操作请以百度官方最新说明为准），简要操作流程如下：

（1）基本申请流程

① 登录百度推广管理系统，注册百度推广账号；

② 登录百度推广管理系统，提交相关资质证明，签订服务合同，缴纳推广费用；

③ 添加关键词。在百度推广用户管理系统中添加关键词，撰写网页标题及描述等信息；

④ 百度在收到合同、资质证明和相关款项，并确认你的账户内已添加关键词后，两个工作日内将审核通过你的信息。审核通过后开通账号，即可开始推广操作。

（2）优化"推广单元"基本操作

推广计划和推广单元是百度专业版引入的一个新的概念，在 Google 中对应的是广告系列和广告组。

对推广单元的结构进行优化很大程度上能够提高竞价广告的质量度。其实道理很简单，结构优化良好的推广单元有利于用户搜索的准确性，从而提高企业广告的点击率和转化率，当然也有利于提高百度的广告收益率。满足三方利益，百度自然把你排在优势位置。

推广单元由关键词和创意组成，可采用如下途径进行优化：

① 合适的关键词数量和关键词分类

在每个推广单元中的主关键词数量保持在 5～15 个最佳，推广单元里的关键词必须是同类型的，热词和长尾词要分开来放在不同的推广单元，以免一些冷门词由于点击率低而影响到整个推广单元的质量度。在相同的推广单元下，关键词相似度越强，分类越清晰，就越能获得高的质量度，当然也就能得到更好的排名位置。

② 撰写有质量的创意

在每个推广单元中加长创意和标准创意各两条，在撰写创意的时候要注意在创意里包含关键词。广告创意的撰写一定要体现搜索关键词的相关性，这里根据

第 6 章 追求最高的性价比：搜索引擎营销（SEM）

个人投放的经验建议采用如下方法提高创意的相关性。

- 加长创意。创意为 20 个字的限制，在标题中出现 1~2 次的关键词为佳；创意描述为 100 个字的限制，能出现 2~3 次的关键词为佳，确保做到语句通顺。
- 标准创意。标题为 13 个字的限制，在标题中出现 1~2 次的关键词为佳；创意描述为 36 个字的限制，能出现 1~2 次的关键词为佳，确保做到语句通顺。

在创意中用通配符把关键词表示出来，在撰写创意的时候要注意拿其他关键词替代通配符，确保阅读通顺。另外，注意要把最长的关键词引入创意中，同时还要查看创意是否过长而不能正常显示，以便及时调整。

③ 让 URL 发挥最大的效用

在每个创意显示的 URL 中用心方便用户记忆。当然也可以把电话号码写在 URL 中，比如 www.sem.com 这个域名，可以编辑为 www.sem.com/Tel：88668866，这样既把域名根据字节进行了分隔方便记忆，也把电话号码从有限的文字空间释放出来，以便用在更有效的广告撰写上。

（3）制作专题广告页

着陆页（即关键词引导进入的首页）的优化不仅影响竞价广告的质量度，还影响网站访客的跳出率。在专题的设计上使用和推广单元同样的关键词作为专题的中心，在专题中突出优惠和优势，能够引导访客进一步采取行动，这样的专题才是成功的。专题一定要能方便返回首页或者其他相关页面，否则当访客想要进一步了解的时候，只能转身离开。

（4）通过提高价格限制上线来提高质量度

新广告上线，百度初期分配的质量度默认都是相同的，我们可以通过提高起步出价来让广告展示在优势的位置，从而得到很好的点击率，以提高质量度。当通过一段时间质量度得到相应提升以后，可以参照平均点击价格来进行出价的限制。一般出价为平均点击价格的 110%~150%，这要根据关键词的价值来确定。

另外，在谷歌投放方面，我们常在一个新的广告上线以后，让多个朋友搜索关键词并点击广告，在短时间内会使广告质量得分，在百度质量度方面也不妨一试。

（5）合理分配搜索广告和联盟广告

根据经验来讲，加入有联盟广告的投放计划建议投放预算不超过搜索费用的1/4，点击价格也要根据商业价值来决定。在联盟广告的投放方面，应多展示图片动画等效果，用以代替传统的文字广告，因为图片动画等广告效果对于企业的品牌传播也有一定的效果。

（6）账户的监控与优化

在监控和优化关键词广告的时候，往往以点击率作为衡量投放是否良好的标准。依据以往经验，点击率低于0.1%的关键词必须删除。

① 对广告进行分割测试，提高广告转化率

广告是写给客户看的，因此让客户来对广告进行投票是最好的方法。我们可以撰写A、B两个创意，先展示创意A，再展示创意B（各1~2周），然后比较两个效果，从中挑选效果较好的展示，之后再设计一个创意来尝试打败那个效果好的，保持不断更新、不断淘汰，逐步提升推广单元的营销效果，从而提升广告的转化率。

② 不断调整细分关键词

通过投放的数据报告，将广告单元中流量高的关键词提取出来，挖掘相关的长尾关键词，然后把它们重新投放到新的推广单元中去，重新撰写一个相关的创意，这样就能不断扩展推广单元，同时也提高了关键词的质量度。

③ 广泛匹配的时候添加否定关键词

我们在使用广泛匹配的时候常常会匹配到某些无关的关键词上，这样就会带来很多的浪费点击。我们可以根据网站流量统计报表及时发现无效流量关键词，及时添加否定关键词，以减少广告浪费。

④ 挖掘和添加长尾关键词

我们在投放关键词的时候不可能一下子找到所有的有价值的关键词，除了核心关键词外，还有许多的长尾关键词需要我们去挖掘。挖掘的方法有：通过流量统计报表；通过分析关键词的方式来研究用户的搜索方式，从而挖掘更多的长尾关键词，以对长尾关键词进行补充。通过对长尾关键词的补充，一方面可以提高广告的相关性，另一方面也可以在一定程度上降低点击成本。

第 5 节　其他引擎营销

1. 谷歌

谷歌（Google），是一家美国的跨国科技企业，致力于互联网搜索、云计算、广告技术等领域，开发并提供大量基于互联网的产品与服务，主要利润来自于 AdWords 等广告服务。1998 年 9 月 4 日，谷歌以私营公司的形式创立，设计并管理一个互联网搜索引擎"Google 搜索"，网站则于 1999 年下半年启用。谷歌的使命是整合全球信息，使人人皆可访问并从中受益。谷歌是第一个被公认为全球最大的搜索引擎，在全球范围内拥有无数的用户，允许以多种语言进行搜索，在操作界面中提供多达 30 余种语言选择。

谷歌主要的搜索服务有：网页搜索、图片搜索、视频搜索、地图搜索、新闻搜索、购物搜索、博客搜索、论坛搜索、学术搜索、财经搜索等。

2010 年 3 月 23 日，谷歌宣布已正式关闭中国内地网站 Google. cn。

2. 奇虎 360

奇虎 360 是由周鸿祎于 2005 年 9 月创立的以主营 360 杀毒为代表的免费网络安全平台和拥有问答等独立业务的公司，主要依靠在线广告、游戏、互联网和增值业务创收。奇虎 360 拥有 360 安全卫士、360 安全浏览器、360 保险箱、360 杀毒、360 软件管家、360 手机卫士、360 极速浏览器、360 安全桌面、360 手机助手、360 健康精灵、360 云盘、360 搜索、360 随身 WiFi 等一系列产品。2012 年 8 月 16 日，奇虎 360 推出综合搜索。360 拥有强大的用户群和流量入口资源，这对其他搜索引擎将极具竞争力，该服务初期采用二级域名，整合了百度搜索、谷歌搜索内容，可实现平台间的快速切换。

360 搜索主要包括新闻搜索、网页搜索、微博搜索、视频搜索、MP3 搜索、图片搜索、地图搜索、问答搜索、购物搜索等，通过互联网信息的及时获取和主动呈现，为广大用户提供实用和便利的搜索服务。

360 综合搜索实际上是提供一站式的实用工具综合查询入口，同时将信息聚合在一起实现网络工具化、个性化的发展需求；提升网络使用效率，让用户更快地从繁复的搜索系统里解放出来，让搜索更轻松有效。国外比较成功的类似网站有 InfoSpace、Dogpile、Vivisimo 等"元搜索"网站。360 综合搜索是 360 开放平台的组成部分，充分尊重用户的选择权，360 综合搜索页面的导航菜单提供多搜索引擎切换，将多个不同搜索网站界面集成在一个浏览页面中，用户只要输入一次关键词就可以同时完成多次搜索，并实现快速地切换查看。

360 搜索网站收录要求：

① 网站需符合用户的搜索体验。

② 网站能够正常地浏览和访问，服务本身具备持续性和稳定性。

③ 网站所传播的内容符合相关法律法规和政策。

④ 网站的页面质量，不存在多次跳转、广告与弹窗过多等问题。

⑤ 网站不复制自互联网上高度重复性的内容。

⑥ 网站不做针对搜索引擎而非用户的处理以获得不恰当排名，导致用户受到欺骗。

和百度搜索引擎的区别：

① 在两个搜索框里分别输入一些关键词，对于一些大品牌，同样都有相应的

品牌推广。同时，可以发现，在 360 综合搜索的右侧，出现广告业务信息的比较少，没有像百度一样随便输入一个关键词，右侧就会出现大量的图片或者文字的广告信息。

② 在两个搜索框里分别输入与金钱有关的关键词，比如淘宝网或者支付宝，360 综合搜索都会有相应的提示，提醒用户谨慎辨别，以免造成经济损失；而百度在这一方面却没有相应的提示或者警示。这一点，360 综合搜索做得更加人性化。

③ 360 对域名的权重更加看重。

④ 高级搜索指令的不同。在 360 不能用 site 命令查询一个域名的收录量。360 是不支持 domain 命令的。在 360 搜索 domain：域名，会发现 360 会把 domain 当作一个关键词。

⑤ 过滤算法的不同。大量在百度被删除的网站，在 360 中都有收录，甚至搜索某些关键词时排名还很靠前，而真正做的好的网站没有好的排名。其实这对 360、用户、站长三方都是不利的。

⑥ 行业收录标准。对于百度，如果一个行业的信息量很少，则收录标准较低；如果信息量很多，收录标准就很高。而在 360，因为是刚刚推出的搜索引擎，需要收录大量的信息，所以即使行业的信息量很多，也会被收录的。

⑦ 用户需求的判断。

360 搜索推出专业的医疗、医药、健康信息的子垂直搜索引擎——良医搜索，意在帮助网民放心看病、放心就医。这是 360 搜索长期遵循的"干净、安全、可信赖"理念下推出的重要产品。使用户在了解医药信息的时候，不受到虚假医疗广告、虚假医疗信息的侵扰，从而保障网络安全。

3. 搜狗

搜狗是搜狐公司的旗下子公司，于 2004 年 8 月 3 日推出，目的是增强搜狐网的搜索技能，主要经营搜狐公司的搜索业务。

搜狗搜索引擎是搜狐公司强力打造的第三代互动式搜索引擎，凭借搜狐公司强大的技术实力，"搜狗"搜索引擎将使您的网站用户不离开您的网站就可以体验到一流的全球互联网搜索结果，借助智能的"搜狗"搜索找到他们真正需要的信息。既方便用户使用，提升用户体验，又提高网站的黏度。

搜狗搜索功能主要有：分类提示、网页评级、站内查询、网页快照、相关搜索、拼音查询、智能纠错、高级搜索、文档搜索等。

在抓取速度上，搜狗通过智能分析技术，对于不同网站、网页采取了差异化的抓取策略，充分地利用了带宽资源来抓取高时效性信息，确保互联网上的最新资讯能够在第一时间被用户检索到。在网页搜索 3.0 平台上，提供"按时间排序"、搜狗网页评级体系，分析最全的中文互联网链接库，确保评级的客观公正，能够帮助用户更快地找到想要的信息。

4. 各大搜索引擎市场份额

根据 CNZZ 数据中心以及市场研究公司 Netmarketshare 中对于中国及世界范围内搜索引擎使用率的数据进行分析，2013 年 1 月至 2014 年 9 月的中国网民搜索引擎使用情况统计如下：

百度在使用率和占有率上都占据中国搜索引擎的第一把交椅，但它的市场占有率一直在缓慢地下降。2014 年 9 月 1 日的数据显示其占有率为 51.54%。而 Google 中文等国外搜索引擎在中国的搜索市场上的占有率则无法与本土搜索引擎相比。

根据 Netmarketshare 数据，全球市场 2014 年搜索引擎的占有率，谷歌依旧占据搜索引擎市场第一位。而比较谷歌退出中国后的 4 年中，其在全球的搜索引擎市场的占有率也在持续下降中，从 2010 年的 84.88% 降到了 2014 年的 67.6%，在中国市场的份额更由 2010 年的 26.3% 降低到了不到 2%。

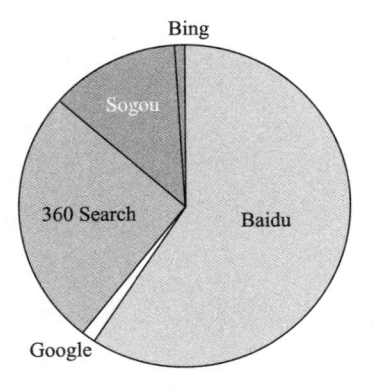

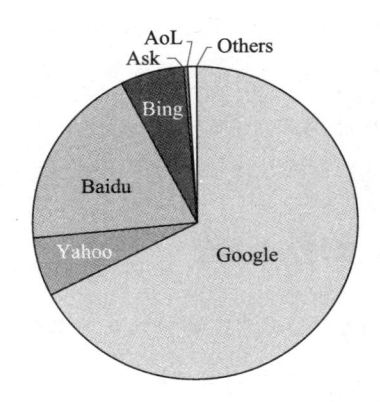

图 6-3　2014 年中国搜索引擎市场占有率　　图 6-4　2014 年全球搜索引擎市场占有率

第 6 节　着陆页策划

1. 着陆页的用途

在互联网营销中，着陆页（Landing Page 也被称为首要捕获用户页）就是当潜在用户点击广告或者搜索引擎搜索结果页后显示给用户的网页。一般这个页面会显示和所点击广告或搜索结果链接相关的扩展内容，且这个页面应该是针对某个关键词做过搜索引擎优化的。

在竞价排名广告中，着陆页可以通过不同的定制来衡量不同广告的效果。通过在网址中添加参数，市场营销员可以通过统计相关参数的点击率来衡量相关广告的效果。

下面就从着陆页的用途、类型和与 SEO 的关系来介绍它。

着陆页的用途：

① 让用户访问网站。通过点击它到网站的其他页面。

② 让用户购买产品或服务。

③ 让用户允许你跟进联系。着陆页会设计一个用户注册的流程，然后通过电子邮件、电话或其他方式联系用户。

④ 让用户告诉其他人。

⑤ 让用户了解某些内容，最好能得到用户的反馈，比如评论或其他方式的反馈。

2. 着陆页的类型

着陆页的类型主要分为：参考型着陆页、交易型着陆页、压缩型着陆页。

① 参考型着陆页（Reference Landing Page）提供相关参考信息给访问者，可以显示文字、图片、动态的相关链接或其他元素。参考型着陆页对满足协会、机构或公共服务组织的目标来说是非常有效的。对很多参考型着陆页来说，是否达到效果可以通过页面上所显示广告的产出来衡量。

一种特殊类型的"参考着陆页"是"webvert"，这类着陆页的市场营销目标着眼于引导用户和与用户互动。

② 交易型着陆页（Transactional Landing Page）试图说服访问用户完成一次交易行为，比如填写某个表单、与某个广告进行互动或者着陆页上的其他目标，而交易型着陆页的最终目的是尽量能使用户立即购买某个产品或服务。此类网页一般会确保得到用户的信息，至少也要得到用户的联系方法，典型的比如邮件地址、姓名和电话号码，直到有足够的信息能保证用户收到推销信息，将来这些用户信息可以被用作邮件列表的地址。

访问用户在交易型着陆页进行一次交易的行动被叫作一次"转化"。着陆页的效率或质量可以通过"转化率"来衡量，也就是完成所期望的行动访问用户百分比。因为许多互联网营销项目的经济效应都是由转化率来决定的，市场营销人员通常会不断地选择、测试和改进他们的着陆页。

③ 压缩型着陆页（Squeeze Page）：通常用于直接营销（Direct Marketing），这种网页着眼于获取用户的信息，有非常高的转化率，并且收集到的信息将来可用于电子邮件或直接联系营销。

3. 着陆页与搜索引擎优化

每个被搜索引擎索引的网页都是潜在的着陆页。

搜索引擎优化的目标是让用户能有更多机会到达目标网页。网页的内容或指向网页的链接都是仔细经过对特定关键字研究后并优化过的。这些关键字经过"原创性"或"自然性"的搜索引擎优化后的最大价值就是：最有可能被潜在的用户在搜索引擎结果中被发现和点击。选择合适的关键字将会使网站在搜索引擎中有较高的排名。

对于覆盖大量产品和内容的网站来说，单单一个主页不能够针对每个话题来进行相关的优化。所以，其他的途径也是必要的。一个"中心"页面如果针对很多通用的、缺少目标性的关键词来优化，转化率会低于那些对针对性更强的关键词进行优化过的页面。在某些网站中，中心着陆页扮演着"小门户"的角色，这样的网站就像建有很多虚拟性的主页，每个虚拟性主页都拓宽了网站的题材和范围。

4. 着陆页优化的重点

① 网页标题和描述。用户搜索到页面，首先是搜索关键词，然后点击搜索结果页的列表，因此必须先写标题、目标关键词，为了能有一个更好的排名，把合适的标题词进行组合，呈现出有吸引力的主题和页面功能。

② 文本内容：内容必须是清晰的，最好附有插图，提供最好的关键词整合，不必担心关键词密度、相同的标题和字、整个文本信息分散。

③ 看着这些大部分网站内容页的物品清单，但在最后阶段，不知道是不相关的，应该引导用户探寻更多的内容。用户看过页面，证明他可能对这个主题感兴趣，所以应该提供一个强烈的主题或相关的文章列表。

④ 开放式的评论：评论驱动也取决于网站的类型，如果它是一个产品的网站，一个页面上可能会有越来越多的评论，可以利用户体验改善好评期间的销售推广。

许多显著的优化实际操作应从用户的角度来看，全球思维，竭尽所能。

5. 网站着陆页设计准则

网站的着陆页就是将高质量访客转化的收尾重点了，着陆页是指访客在其他地方看到你发出的某个具有明确主题的特定营销活动——通过竞价、电子邮件、优化、社交媒体等发布诱人信息，点击后被链接到你网站上的第一个页面。

行之有效的着陆页面应包含足够的信息，但包含的信息量又不能太多，不能让访客觉得眼花缭乱不知所措。理想的着陆页应传递三个简单信息：访客在什么地方；你为他们准备了什么；如果想要得到这个诱人的优惠，下一步要做什么。

如果在宣传中对潜在顾客或实际顾客承诺要给他们提供某种东西（比如产品使用说明、免费电子书等），一定要确保实现你的承诺。

标题要以客户利益为导向。一个以产品为导向的标题会突出你的产品或服务可以做什么，一个以客户利益为导向的标题则告诉客户你的产品和服务能为他们做什么。

MarketingProfs 进行过一次实验，分别测试两个不同着陆页面的效果，两个都提供了对我们公司一个计划工具的访问，第一个着陆页说："立即加入，访问 SmartTools：社交媒体营销工具。"第二个着陆页说："SmartTools 帮您迅速创建成功的社交媒体宣传活动。"第一个页面是以产品为导向，第二个却告诉用户可以从中得到什么。结果并不意外，第二个以客户利益为导向的着陆页最终转换效果比以产品为导向的页面高出 26.06%。

如果访客点击是想要解决一个问题，那么你要做的是先解决访客的问题，再宣传你的产品。

"点击诱因"指的是吸引访客采取下一步行动的按钮或链接。当访客打开了页面，选择你所提供的产品服务，接下来就要确保他们知道下一步该怎么做。将"点击诱因"放在明显位置，同时选择最适合的文字标签进行注释。

位于标题下方的副标题是阐述你提供的产品有何主要益处的好地方。在营销圈内，这里应长篇大论还是寥寥数笔是个广受争议的话题。大多数人喜欢用比较少的文字，最好是易于分辨的点列格式，并且内容中还可以配上视频或相关图片。但需要注意的是，不要将视频或音频设为页面打开后自动播放模式。

通过传递你的可信度来建立你和访客之间的信任感，如证书、媒体报道、第三方推荐等。并且还可以加入"社会认可"，像是博客评论或 Facebook、Twitter 的粉丝数量。

保持简单，在必须收集资料的时候，只要求对方提供最相关的信息。主要是排除访客和希望他们做出的行动之间的一切阻力——引诱他们参与而不是打消积极性。简单还意味着在能够表达出重点的同时，将页面所用的文字和图片减少到最精华的部分。着陆页的内容越少，重要位置或者访客无需向下滚动页面就可以看到的显著位置就越突出。

设计着陆页面时，测试哪一种效果最好，最直接的方式是通过简单的 A/B 测试，同时提供几个不同版本的促销页面，然后看哪个效果最好。当然要保证产品和服务是独一无二的，受众群体也是一样。

6. 案例：一个完美着陆页的几个特征

下面这张图片，将剖析完美的着陆页应具有的十大特征，从而帮助你更好地了解着陆页、设计制作着陆页，吸引更多的用户点击内容或者广告。

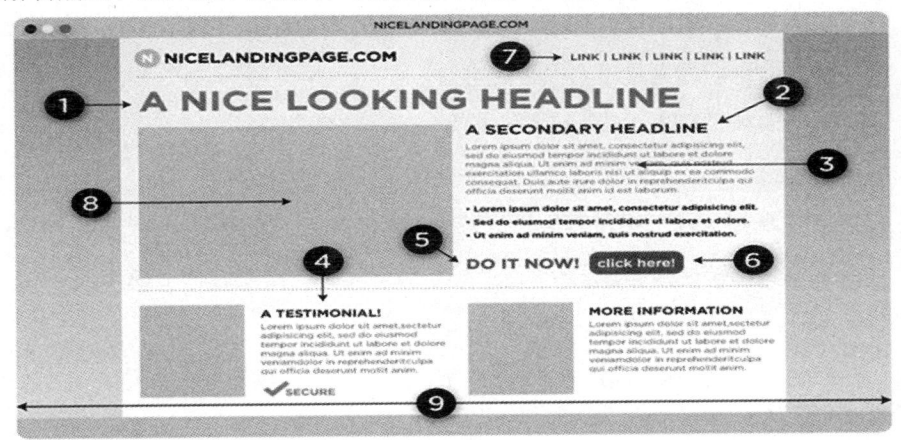

图 6-5　着陆页应具有的十大特征

（1）页面的标题和广告：
- 着陆页的标题和广告词要相得益彰。
- 利用广告词的得分，你可以发掘一下 CPC（按点击付费）的用法。通过广告信息和着陆页内容之间的一致，来提高你广告的得分。

（2）简明清晰的标题：
- 标题是用户首先会阅读的部分之一，着陆页的标题不应让人迷惑或者无趣，要能吸引访问者进一步细读。
- 突出与网站内容相关的明确要点，比一个模糊晦涩的标题更能吸引读者的注意。

（3）无瑕疵的语法
- 网页的内容不能存在任何的拼写错误，不能存在歧义，否则用户的信任会打折扣。

（4）打造自己的公信力
- 这是建立诚信的有效途径，包括客户表扬、媒体报道、品质保证、第三方信任及安全证书等。

（5）让客户忘记思考，告诉客户下一步该做什么
- 在客户读了着陆页的标题之后，很重要的是他们应知道下一步该怎么做。让客户忘记思考是一个很好的方法。

（6）行动激发 CTA（Call to Action），按钮要突出
- 识别人们感兴趣并愿意搜索的关键词，再加上"免费""新""购买"或者"现在下载"等带有优惠、方便含义的词汇，激发用户的行动。
- 应该突出转化按钮，置于行动激发 CTA 之下，或者使用 CTA 作为按钮确保这个按钮是大的、亮的，并且无须翻屏。
- 橙色或黄色的用来行动激发的按钮，有利于吸引浏览者的眼球。

（7）链接要精简
- 链到太多别的网站或页面的链接将会分散客户的注意力，并对转化率起到

第 6 章　追求最高的性价比：搜索引擎营销（SEM）

负面的作用。
- 对于常规的网站主页来说，大量的链接是有用的，但对于着陆页来说精简是关键。

（8）使用与文案相关的图像和视频
- 在页面上加入动人的演讲、客户表演的视频以及产品图像等，对浏览者会产生积极的影响，可以促使浏览者更深入地去查看产品或服务。

（9）放在一屏之内，亮点一定要在首屏展现
- 访问者无须滚屏就能看到的幅面是网页中最重要的部分。
- 把行动激发按钮放在一屏之内，在用户眼睛可以看到的地方。绝不要把这个按钮放在必须再次搜索才能找到的地方。

（10）保持测试
- 要一直为着陆页的转化经行优化。运用 A/B 测试，改变文案、图片和行动激发，去试试看是什么使得用户产生共鸣。
- 就 A/B 测试来说，对两个完全不同的网站设计进行测试，将会长期有利。

本章重点、难点分析

（1）SEO 和 SEM 的区别。
（2）搜索引擎营销模式。
（3）搜索引擎营销付费方式。
（4）搜索引擎营销的一般流程。
（5）着陆页策划。

本章小结

随着互联网营销逐渐成为主流的营销渠道，以及搜索引擎从少部分人的工具

性应用逐渐成为大众化的媒体平台，针对搜索引擎的应用研究越来越多，搜索引擎营销也已经成为最主流的互联网营销手段。本章详细阐述了搜索引擎营销的技巧，有效地引导学员更好地开展搜索引擎营销业务。从认识搜索引擎营销、分析搜索引擎营销机会、搜索引擎营销规划、搜索引擎营销操作、搜索引擎营销优化，把搜索引擎营销的流程清晰地表述出来，循序渐进地引导大家来了解搜索引擎，以及它承载的营销机会和实操办法。

本章思考题

（1）搜索引擎的网络营销价值是什么？

（2）搜索引擎营销的过程和环节是什么？

（3）搜索引擎营销的基本原理是什么？

（4）比较搜索引擎营销的主要模式。

（5）比较搜索引擎营销的付费方式。

（6）搜索引擎营销的方法步骤是什么？

（7）着陆页优化的重点是什么？

（8）如何提高搜索引擎营销的转化率？

第 7 章
互联网营销实施

　　必须先去了解市场和客户的需求,然后再去找相关的技术解决方案,这样成功的可能性才会更大。

——马云

第 1 节　市场调研和分析

市场调研（Marketing Research）是运用科学的方法，有目的、有计划地收集、整理、分析有关供求、资源的各种情报、信息和资料。市场调研把握供求现状和发展趋势，为制定营销策略和企业决策提供正确依据。

具体来看，市场调研分析对营销管理的重要性表现在五个方面：提供作为决策基础的信息；弥补信息不足的缺陷；了解外部信息；了解市场环境变化；了解新的市场环境。

1. 市场调研的流程

（1）明确调查目标。例如市场需求状况、市场竞争状况、消费者购买行为和营销要素情况、经营中存在的问题和产生的原因等。

（2）设计调查方案。包括以下 7 个方面内容：① 调查目的要求；② 调查对象；③ 调查内容；④ 调查表；⑤ 调查地区范围；⑥ 样本的抽取；⑦ 资料的收集和整理方法。

（3）调查工作计划。包括人员配备，工作进度安排，费用预算等。

（4）组织实地调查。

（5）资料的整理分析。

（6）撰写调查报告。市场调查工作的成果将体现在调查报告中，并提交企业决策者作为企业决策依据。一份完整的市场调查报告规范的格式包括：题目、目录、概要、正文、结论和建议、附件等。

2. 市场调研的方法

（1）观察法

调查人员根据调查研究的对象，利用直接观察的方式对其进行考察并搜集资料。

(2) 访问法

包括结构式访问、无结构式访问和集体访问。

结构式访问是查人员要按照调查表或访问提纲进行访问,是一种事先设计好的有一定结构的访问。

无结构式访问恰恰相反,由调查人员与被访问者自由交谈,没有统一问卷。

集体访问是通过集体座谈的方式听取被访问者的想法。

(3) 问卷法

问卷法是让被调查者填写调查问卷,从而获得信息的方式。问卷是采用最广的一种市场调研方法,也是在网络市场调查中运用较为普遍的方法。

(4) 实验法

用实验的方式,把调查对象控制在特定的环境条件下,对其进行观察以获得相应的信息。这种方法主要用于市场销售实验和消费者使用实验。

3. 网络市场调查

网络市场调查是利用互联网手段进行的市场调研。与传统的市场调研相比,网络上的市场调研具有如下特点:

① 及时。调查表一上网,就能迅速传递给网上的用户,任何网民都可以参与调查并实时查看结果。

② 便捷和低费用。节省传统调查中所耗费的大量人力、物力和时间。电子问卷可用统计软件进行分析。

③ 交互性和充分性。不同于传统调查的"你问我答",网络市场调查时,被调查对象可自由地发表看法,针对问卷相关的问题提出自己的看法和建议;同时,被调查对象不一定马上填问卷,他有充分的时间进行思考,从而充分地发表自己的看法。

④ 调查结果的可靠性和客观性。被调查者是在完全自愿的原则下参与调查,调查的针对性更强;问卷的填写是自愿的;可以避免传统调查中人为错误所导致

213

的调查结论的偏差。

⑤ 网络调研不受时空和地域的限制。可以 24 小时全天候进行。

网络市场调查的主要手段有以下几种。

① 诱导用户访问；

② 利用电子邮件或来客登记簿询问访问者；

③ 在企业站点上设计问卷调查；

④ 利用网上德尔菲调查法；

⑤ 利用企业站点搜集市场信息；

⑥ 选择搜索引擎；

⑦ 利用数据库；

⑧ 利用互联网上适合的市场信息调查内容。

第 2 节　网购消费者需求分析

1. 网络购物现状

2014 年我国网络购物市场主要呈现出普及化、全球化、移动化的发展趋势，表现为网购群体主流年龄跨度增大，向全民扩散。中国互联网络信息中心（CNNIC）第 36 次《中国互联网络发展状况统计报告》数据显示，截至 2015 年 6 月，我国网络购物用户规模达到 3.74 亿，较 2014 年底增加 1249 万人，半年度增长率为 3.5%；2014 年上半年和下半年，这一增长率分别为 9.8% 和 9.0%，数字表明我国网络购物用户规模增速继续放缓。与整体市场不同，我国手机网络购物用户规模增长迅速，达到 2.70 亿，半年度增长率为 14.5%，手机购物市场用户规模增速是整体网络购物市场的 4.1 倍，手机网络购物的使用比例由 42.4% 提升至 45.6%（见图 7-1）。

第7章 互联网营销实施

```
万人
60000 ┤        55.7%              56.0%              60%
       │       ━━━━━━━━━━━━━━━━━━━━━━━
40000 ┤ 36142       42.4%    45.6%                   40%
       │  ▓▓▓       ━━━━━━  37391
       │  ▓▓▓              ▓▓▓
20000 ┤  ▓▓▓  23609       ▓▓▓  27041                20%
       │  ▓▓▓  ███         ▓▓▓  ███
       │  ▓▓▓  ███         ▓▓▓  ███
    0 ┴──▓▓▓──███─────────▓▓▓──███────              0%
           2014.12            2015.6
```

▓ 网络购物用户规模　　　█ 手机网络购物用户规模
▲ 网络购物使用率（占网民比例）　× 手机网络购物使用率（占手机网民比例）

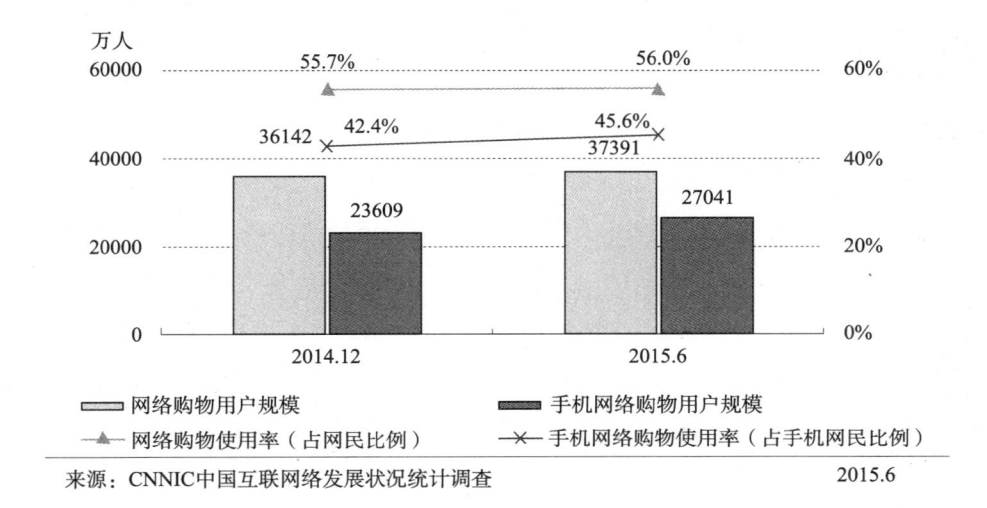

来源：CNNIC中国互联网络发展状况统计调查　　　　　　　　2015.6

图 7—1　2014.12~2015.6 网络购物/手机网络购物用户规模及使用率

报告清晰地表明以下几个趋势：

一是互联网对个人生活方式的影响进一步深化。从基于信息获取和沟通娱乐需求的个性化应用，发展到与医疗、教育、交通等公用服务深度融合的民生服务。未来在云计算、物联网及大数据等应用的带动下，互联网将推动农业、现代制造业和生产服务业的转型升级。

二是手机作为网民主要上网终端的趋势进一步明显。网民中使用手机上网的人群占比由 2014 年 12 月的 85.8% 提升至 2015 年 6 月的 88.9%，随着手机终端的大屏化和手机应用体验的不断提升，手机成为主要的上网终端。

三是农村网民规模在扩大。2015 年 6 月我国农村网民规模达 1.86 亿，与 2014 年底相比增加 800 万。目前农村地区的互联网普及率为 30.1%，比城镇地区的互联网普及率低 34.1 个百分点。农村地区 10~40 岁人群的互联网普及率比城镇地区低 15~27 个百分点，但这部分人群互联网普及的难度相对较低，将来可转化的空间也较大。

四是移动商务类应用成为拉动网络经济增长的新引擎。2015 年上半年，手机支付、手机网购、手机旅行预订用户规模分别达到 2.76 亿、2.70 亿和 1.68 亿，半年度增长率分别为 26.9%、14.5% 和 25.0%。CNNIC 研究显示，手机购物并非电脑购物的替代，而是在移动环境下产生增量消费，并且重塑线下商业形态促成交易，从而推动网络购物移动化发展趋势。

五是跨境 B2C 业务的开启，彰显中国网络零售全球化发展趋势。随着中国消费者对海外优质商品的旺盛需求，中国制造在海外市场的畅销，以及跨境支付体验的不断完善，2014 年跨境 B2C 业务在天猫、京东、苏宁等各大网络零售平台上线。阿里数据显示，"双 11"期间，217 个国家和地区在阿里巴巴平台上进行交易。至此，跨境电商在中国进入全球化大众消费时代。

2014 年随着京东、聚美优品、阿里巴巴等电商的上市，网络零售市场格局趋向稳定。淘宝网、天猫、京东的品牌渗透率位居前三，分别为 87%、69.7% 和 45.3%，遥遥领先于同类竞争对手。

2. 网络消费者的行为特征及变化

网络经济时代的最大特征是买方市场，原因在于互联网信息的透明和客户转换成本低。互联网的独特交易环境，改变了消费者的消费行为，企业营销也必须跟上时代发展的步伐。网络时代消费行为的变化可以概括为以下几个方面：

① 消费产品个性化

消费产品个性化是消费者的客观要求，在大规模生产年代，共性需求取代了这种个性需求。随着社会消费品日趋丰富，人们收入水平不断提高，这些因素进一步拓宽了消费者的选择余地，并使产品的个性化消费成为可能。消费者购买产品不再仅仅是为了满足其物质需要，而且也为了满足心理需要，这一全新的消费观念影响之下的个性化消费方式正在逐渐成为消费的主流。互联网营销必须面对这一市场环境，对市场实行细分，直至极限。

② 消费过程主动化

传统营销中，消费者面对的是"填鸭式"的宣传，而互联网使双向交流变得很便捷。在互联网营销中，消费者消费的主动性增强，这种消费过程主动性的特点，对互联网营销产生了巨大的影响，它要求企业必须迎合消费者发生这种需要，通过和消费者的沟通交流，施展潜移默化的影响，让顾客在比较中作出选择。

③ 消费行为理性化

在网络环境下，消费者信息的充分，时间的从容使他们可以理性地选择自己的消费方式，这种理性消费方式表现在：消费者可以理智地选择价格；大范围地选择比较，通过"货比三家"精心挑选自己所需要的商品；主动地表达对产品及服务的欲望。也就是说，消费者不再会被动地接受厂家或商家提供的商品或服务，而是根据自己的需要主动上网去寻找适合的产品。即使找不到，也会通过网络向厂商主动表达自己对某种产品的欲望和要求。

④ 购买方式多样化

网络的快速互动，使厂商对消费者的需求了解更快捷，消费品更新换代的速度加快，反过来又使消费者求新、求变的需求欲望得到进一步加强；同时，由于在网上购物的方便，人们在满足购物需要的同时，又希望能得到购物的种种乐趣。这两种心理使购买方式变得多样化，这种多样化的购买方式又直接影响了互联网营销。

第3节　网络整合营销方案的制定

1. 网络整合营销

网络整合营销（Network Integrated Marketing），是指在一段时间内，企业以消费者为核心重组企业和市场行为，通过综合使用以互联网为主的各种传播方式，以统一的目标和形象，传播连续、一致的企业或产品信息，实现与消费者的双向沟通，迅速树立品牌形象，建立产品与消费者的长期密切关系，更有效地达到品牌传播和产品行销的目的。

网络整合营销有三方面的含义：

（1）一致性：消费者无论从哪种媒体所获得的信息都是统一的、一致的，企业只用一个声音说话。

（2）互动性：企业与消费者之间展开富有意义的互动交流，迅速、准确、个性化地获得信息和反馈信息。

（3）目的性：企业的一切营销活动都围绕企业目标来进行，实现全程营销。

2. 网络整合营销 4I 原则

网络整合营销 4I 原则是整合营销进行整合时所要切实考虑的因素，在网络营销中，消费者主动性的加强、信息传播的互动性、自媒体的兴起，都让传统营销难以适用。如何适应这些变化，让网络整合营销更为有针对性地展开，网络整合营销 4I 原则给出了最好的指引。

网络整合营销 4I 原则：Interesting 趣味原则、Interests 利益原则、Interaction 互动原则、Individuality 个性原则。

（1）Interesting 趣味原则

有关注才有传播，人们愿意听什么？当让是有趣的东西。所以在进行网络整合营销时，要充分融入趣味性，让这样一个轻松的信息成为关注的焦点。也就是让营销娱乐化，具有趣味性。营销不是生硬的广告，而是娱乐的宣传。

国内的营销做得最好的并不是企业，而是娱乐明星。伴随着网络的迅速发展，网络红人出现，通过网络一炮而红，这就是一种营销。互联网媒体的本质是娱乐属性的，通过他们进行传播，营销也必须是娱乐化、趣味性的。制造一些趣味、娱乐的信息，将营销传播巧妙包裹在趣味的情节当中，是吸引用户的有效方式。有营销界人士称："伟大的网络营销，他身上流淌着趣味的血液！他不是一则生硬的广告，他不是一则生硬的广告！娱乐因子在他身上灵魂附体！"

（2）Interests 利益原则

利益原则是进行网络整合营销的最终目的。"天下熙熙，皆为利来，天下攘攘，皆为利往"。在进行网络营销的时候，为目标客户提供有效信息，让他们能从中获益。我们永远要设身处地地问自己一句，"我要参加这个营销活动，为什么呢？"

在进行网络整合营销的时候做好信息咨询、功能服务，为客户提供利益的同时，企业自身也就能获取利益。企业能为消费者提供什么呢？

① 信息。广告的最高境界是没有广告，只有信息。消费者永远需要产品，也就永远需要满足其需求产品的相关信息，化身成为消费者提供信息，再辅以一定的免费利益，消费者接受度自然会大增。

② 功能或服务。

③ 心理满足或者荣誉。

④ 实际物质、金钱利益。

（3）Interaction 互动原则

网络媒体区别于传统媒体的另一个重要的特征是其互动性，网络整合营销为企业提供了一个能与客户进行互动的渠道，这是传统营销所无法实现的，而且这种互动是即时的。告别传统的单向灌输式营销，充分挖掘网络的交互性，充分地利用网络的特性与消费者交流，让网络营销的功能发挥到极致。

平等互动的交流，让企业和客户双方都能参与到营销中来，企业能实现最大范围的信息传播和覆盖，同时获得更为全面的客户信息，包括不同客户的消费需求、理念、习惯，等等。消费者亲自参与互动与创造的营销过程，会在大脑中刻下更深的品牌印记，获得更满意的消费者体验，从而变成品牌的忠实消费者。

（4）Individuality 个性原则

个性有两种，一是企业要想能够脱颖而出，就要有足够的特色，也就是个性鲜明。所以在进行网络整合营销时，个性化营销是必不可少的。凸显了企业个性，就能吸引更多的人过来，让企业成为焦点。其次是做到个性化营销。对比"烂大街的产品"，"独家限量版，专属于你！"显然更容易俘获消费者的心。个性化的营销，让消费者心理产生"焦点关注"的满足感，投消费者之所好，更容易引发购买行动。在传统营销环境中，做到"个性化营销"成本非常之高，但在网络媒体中，数字化的特征让这一切变得简单、便宜，细分市场甚至到一个人，做到一对一营销都成为可能。

3. 网络整合营销的三大步骤

（1）制定完整的营销计划

企业网络整合营销是一个系统性长期的工程，企业网络整合营销计划一般包括以下内容：

① 企业营销市场调研。企业营销的受众是谁？在哪里？属性是什么？

② 企业整合营销目标。包括总目标和对目标的分解。

③ 企业整合营销费用支出。支出在很大程度上决定了企业整合营销的渠道选择以及效果确定，根据费用制定合理的企业整合营销方案。

（2）多种营销手段实现营销效果

有针对性地使用多种网络营销手段来实现营销效果。在网络整合营销的实操中，我们通过数据分析确定营销受众所在与受众喜好，然后根据分析结果选择合适的网络营销媒介与营销手段。当前最为普遍的网络营销手段有搜索引擎营销、网络广告投放、新闻营销、社会化媒体营销，等等。

（3）效果跟踪监测随时调整策略

企业网络营销中有两个重要环节，一是前期的方案制定，二是后期的效果跟踪调整，两者对于整个网络营销的效果大小起到了重要的作用。效果跟踪可以通过各种数据来衡量，如访问 IP 数、二跳率（用户在页面上产生的首次点击被称为"二跳"）、PV 量、停留时间等，根据效果监测加大力度跟进优秀平台。以搜索引擎竞价广告投放为例，当二跳率与停留时间较为差时，应立刻停止广告投放，进行关键词的优化与人群的定位选择。

第4节 网站数据分析

与传统商务相比，电子商务的网络特性决定了电子商务网站可以比较容易地获得各项关键数据统计指标，并利用这些数据指标改善提升网站经营效率。本章对网站数据涉及的知识加以简单介绍。网络营销人员需要有数据分析意识，并掌握相关网站数据分析方法。

1. 电商数据分析的主要方法和流程

数据分析的目的：一方面是发现问题，找到问题的根源，最终通过切实可行的办法解决存在的问题；另一方面，基于以往的数据分析，总结发展趋势，为网络营销决策提供支持。电子商务网站涉及的数据非常广泛，以 B2C 网站为例，数据分析的流程如图 7-2 所示。

收集数据 → 量化分析 → 提出方案 → 优化改进

图 7-2 B2C 网站的数据分析流程

（1）关键数据

网站的定位和客户不同，运营的情况也有所区别，但考察用户访问、内容浏览和商业行为的关键数据，就能够判断网站运营的基本状况。

独立用户访问量（UV）：即有多少台电脑在 24 小时内访问网站（UV 和 IP 并不等同）。

积极访问者比率：如果你的网站针对正确的目标受众并且网站使用方便，你可以看到这个指标应该是不断上升的。

忠实访问者比率：每个长时间访问者的平均访问页数，这是一个重要的指标，它结合了页数和时间。

客户转化率：转化率指在一个统计周期内，完成转化行为的次数占推广信息总点击次数的比率。转化率是网站最终能否盈利的核心，提升网站转化率是网站综合运营实力的结果。

客单价：每一个顾客平均购买商品的金额，也即平均交易金额。提高客单价是增加销售额非常重要的途径。

客户满意度：客户期望值与客户体验的匹配程度。换言之，就是客户通过对一种产品可感知的效果与其期望值相比较后得出的指数。

用户回访率：衡量网站内容对访问者的吸引程度和网站的实用性。你的网站是否有令人感兴趣的内容使访问者再次回到你的网站。

投资回报率：用来衡量营销费用的投资回报。把钱分配给有最高回报率的营销方式。

（2）收集数据

尽量获得完整、真实、准确的数据，做好数据的预处理工作，是网站数据分析之前要做的重要工作。

网站后台的数据：网站的注册用户数据（包括注册时间、用户性别、所属地域、来访次数、停留时间等）、订单数据（包括下单时间、订单数量、商品品类、订单金额、订购频次等）、反馈数据（客户评价、退货换货、客户投诉等）。

搜索引擎的数据：网站在百度、360等搜索引擎的收录量、网站在搜索引擎的更新频率、关键词在搜索引擎的竞价排名情况、网站取得的搜索引擎信任的权重等。

统计工具的数据：网站统计工具基本都会提供访客来自哪些地域、哪些网站、哪些搜索词，访客浏览了哪些页面等数据信息，并且会根据你的需要进行广告跟踪等。

（3）量化分析

分析的目的是从表面的数据中找到问题的本质，然后针对特定的主题进行归纳和总结。常用的分析方法有以下几种：

① 趋势分析：确定变化趋势和变化规律。趋势分析是将实际达到的结果与不同时期同类指标的历史数据进行比较，从而确定变化趋势和变化规律的一种分析方法。具体的分析方法包括定比和环比两种方法，定比是以某一时期数据为基数，把其他各期数据均与该期的基数进行比较；而环比是分别以上一时期数据为基数，把下一时期与上一时期的基数进行比较。

② 对比分析：把两个相互联系的指标数据进行比较，从数量上展示和说明研究对象规模的大小、水平的高低、速度的快慢，以及各种关系是否协调。在对比分析中，选择合适的对比标准是十分关键的步骤，这样才能做出客观的评价；若选择不合适，可能得出错误的结论。

③ 关联分析：通过一个事物来预测另一个事物。如果两个或多个事物之间存在一定的关联，那么其中一个事物就能通过其他事物进行预测；它的目的是挖掘隐藏在数据间的相互关系。

④ 因果分析：按事物之间的因果关系，知因测果或倒果查因。因果分析是为了确定引起某一现象变化原因的分析，主要解决"为什么"的问题；因果分析就是在研究对象的先行情况中，把作为它的原因的现象与其他非原因的现象区别开来，或者是在研究对象的后行情况中，把作为它的结果的现象与其他的现象区别开来。

（4）提出方案

① 评估描述：对评估情况进行客观描述，用数据支持你的观点。

② 编制统计图表：运用柱状图和条形图对基本情况进行更清晰的描述；运用散点图和折线图表现数据间的因果关系。

③ 提出观点：根据现实情况的数据分析，提出你的观点，预判网站的发展趋势，给出具体的建议性的改进措施。

④ 形成文档：基于以上三点进行归纳总结，列出条目，制作一份详细的演示文档，能够演示和讲解给部门领导。

（5）优化改进

根据改进措施的实施，及时了解运营数据相应的变化，不断优化和改进，通过治标治本，使同类的问题不再出现；持续的监控和反馈，在迭代中找寻从最根本上解决问题的最优方案。

数据分析是长期的工作，同时也是循序渐进的过程，需要网络运营人员实时监测网站运行情况，及时发现问题、分析问题并解决问题，这样才能使电子商务网站健康持续地发展。

2. 网站数据分析的关键绩效指标（KPI）

（1）常用指标

① 网站流量 KPI

网站流量统计 KPI（Key Performance lndicator）常用来对网站效果进行评价，主要的统计指标包括：

- 访问量（Page View）：即页面浏览量或者点击量，用户每次对网站的访问均被记录 1 次。用户对同一页面的多次访问，访问量值累计。
- 日均访问量：指对应时间范围内，网站每日的平均访问量。
- 最高日访问量：指对应时间范围内，网站在某天获得的最高访问量。
- PV%：指选择时间范围内，某个类别的 PV 占总 PV 的比例。
- 独立 IP：指在一天之内，访问网站的独立 IP 数。相同 IP 地址只被计算 1 次。
- 独立访客（Unique Visitor）：将每台独立上网电脑（以 Cookie 为依据）视为一位访客，指一天之内访问您网站的访客数量。一天之内相同 Cookie 的访问只被计算 1 次。
- UV%：指选择时间范围内，某个类别的 UV 占总 UV 的比例。
- 重复访客（Repeat Visitor）：某个 Cookie 的再次访问计为一个重复访客，它的数目即为重复访客数量。
- 重复访客百分比：重复访客占全部访客的比例。
- 重复访问数量：是指某个 Cookie 除第一次访问之后，又访问您网站的次数。
- 人均访问页面数：指对应时间范围内，每个访客访问网站的平均页面数。

② 用户行为 KPI

用户行为 KPI 主要反映用户是如何访问网站的、在网站上停留了多长时间、访问了哪些页面等，主要的统计指标包括：

- 访问深度（Depth of Visit）：在一次完整的站点访问过程中，访客所浏览的页面数。访问页面越多，深度越高，访问深度可以理解为是平均页面访问数的另一种形式，也是衡量网站黏度的指标。
- 新访客：某个 Cookie 的首次访问计为一个新访客。
- 最近访客：最新访客统计，最近一段时间内（如 5 分钟内）访问网站的 100 个独立访客，按"进入时间"倒序排列。
- 同时在线人数：如 15 分钟（时间范围可自己定）内在线访问的 UV 数。
- 最高小时在线人数：指对应时间范围内，网站在某一小时内最高同时在线的唯一访客数。注："天"以 24 小时为单位。
- 访问入口：每次访问过程中，访客进入的第一个页面，此页面可以显示网站对外或搜索引擎的一些链接入口。
- 访问出口：每次访问过程中，访客结束访问，离开前点击的最后一个页面。
- 访问最多的页面：访客访问最多的页面。
- 进入最多的页面：访客访问最多的页面。
- 退出最多的页面：访客访问站点时从中退出最多的页面。
- 到达最多的目标：通过点击链接到达最多的目标页面。
- 首页访问数：首页的游览量。
- 站点覆盖（点击密度分析）：通过覆盖在 Web 页面上方的点击，可以直接显示访客在 Web 页面上点击了哪些地方。
- 访客所用搜索引擎：分析访客访问网站所使用的搜索引擎。

- 访客所用关键词：分析网站是通过哪些关键词搜索带来的流量，并分析每个关键词是由哪些搜索引擎带来的。
- 使用最频繁的关键词：使用最多的关键词比例。
- 访客停留时间（访问时长）：访客访问网站的持续时间。
- 访客平均停留时间：所有访客的访问过程，访问持续时间的平均值。
- 来源分析：分析网站访客的来源类型，进行来源页面统计。来源类型分为：

  搜索引擎：由搜索引擎的链接访问网站。

  其他网站：由非搜索引擎的其他网站链接访问网站。

  直接输入网址和标签：访客通过在地址栏、收藏夹、书签等方式直接访问网站。
- 站内跳转：访客在网站内部的页面之间进行跳转所产生的流量。
- 总数据：网站自开通盘点系统之日起至今的各数据量总和。
- 访问量变化率：指对应数据项在当前时间段与上一个时间段相比较访问量的同比变化率。例如，上周（7天）的访问量变化率为↓21.1%，表示上周的访问量比上上周的访问量下降了21.1%。又如，今日10：00～11：00的访问量变化率为↑1.3%，表示今日10：00～11：00比昨日同时间段的访问量上升了1.3%。
- 被访页面：分析网站中各个页面的流量分布，以及其随时间的变化趋势。
- 当前访客活跃度：是指网站上当前访客的数量，它在一定程度反映了网站在当前时间的受欢迎程度。
- 访问路径：每个访问者从进入网站开始访问，一直到最后离开网站整个过程中先后浏览的页面称为访问路径。
- 访问频度：指网站上访问者每日访问的频度，用于揭示网站内容对访问者的吸引程度。

- 点击次数：用户点击页面上链接的次数。

③ 用户访问方式 KPI

用户访问方式 KPI 主要反映用户访问网站的地域、设备、浏览器名称和版本、操作系统等，主要的统计指标包括：

- 地理位置：网站的访客来源于哪个省、市、自治区或其他国家。
- 网络服务提供商：网站的访客所处的网域，比如是电信用户还是网通用户。
- IP 段：网站的访客所在的 IP 段。
- 浏览器：网站的访客所使用的浏览器类型。
- 屏幕分辨率：网站的访客所使用的各种屏幕分辨率。
- 操作系统：网站的访客所使用的操作系统类型。
- 语言环境：网站的访客使用哪国语言的操作系统。
- 插件类型：网站的访客安装的各种插件情况。
- Cookie 支持：网站的访客所使用的浏览器是否支持 Cookie。
- 终端类型：网站的访客所使用什么类型的终端上网。

(2) 关键指标

关键指标是网站访问统计中最为重要的参考指标，分为如下两类：

① 用户和流量增长 KPI

- 用户增长百分比：即 UV 的增长百分比（一般是同上个月或上一周比较）。
- 流量增长百分比：即 PV 的增长百分比（同上）。
- 从搜索引擎而来的流量百分比：从搜索引擎而来的 PV 占总 PV 的比例。
- 新访客比例：新访客占全部访客的比例。

② 内容效率 KPI

- 每次访问的平均页面数：总访问量/访问人次。平均页面访问数代表了网站的黏度，黏度越高，用户看的页面越多，平均页面访问数也就越高。

- 每个独立访客的平均访问次数。
- 回访率：回访访客占所有访客的比例，用于揭示网站访问者对网站的忠诚度。
- 新访客同回访客的比例。
- 网站访问者在不同逗留时间（例如0~30秒，30秒~2分钟等）的数量。
- 不同访问深度的访客数量。
- 跳出率（Page Bounce Rate）：指仅浏览了该页面（一个页面）就离开网站的用户比例。

（3）特殊指标

如果网站有全站搜索，才用得到这部分，不过很多统计工具不提供这种统计。如内部搜索效率 KPI，包括如下指标：

- 使用搜索引擎的用户百分比。
- 每次访问的平均搜索次数。
- 得到"0 结果"的搜索百分比。
- 从搜索结果中得到"0 点击"的百分比。

（4）营销类指标

① 营销效率的 KPI

- 每个访客的平均成本。
- 每个访客的平均收益。
- 新访客和回访访客的收益比较。
- 新旧访客的收益百分比。
- 每个购物车的平均商品数量。
- 每次转换的订单平均价值和平均成本。

② 购物车的 KPI

- 购物车放弃率：指在购物过程中途放弃的比例。
- 开始购物率：指添加第一个商品到购物车的访客数量/总的访客数量。

- 开始结账率：指点击了结账按钮的访客数除以总的访客数。
- 完成结账率：指完成付款购物的用户数目/点击了结账按钮的用户总数。

③ 转换 KPI
- 转换率（Conversions Rates）：进行了相应动作的访问量/总访问量。
- 新访客的转换率。
- 回访客的转换率。

3. 网站数据统计带来哪些分析结果？

（1）对网站营销的意义

通过网站的数据分析可对推广效果进行评估，指导网站的页面布局和推广方式。我们需要确定网站的目标用户是谁，他们有什么特点，我们网站如何比别人做得更好。

第一步：分析品牌——看用户经常在网上关注什么品牌。

第二步：类别分析——用户经常访问哪些网站。

第三步：频道分析——用户一般关注这些网站的什么频道。

第四步：定位产品方向——根据用户特点设计网站页面内容，制定推广策略。

（2）对网站建设的意义

通过统计的数据，我们可以对网站布局合理性、吸引力和频道间相关性等情况进行评估：

① 分析网站内容对访问用户的吸引力；

② 分析网站内、站外流量的导入和导出情况，了解合作网站，评估广告投放的真实效果；

③ 分析各个频道间流量的相互贡献程度；

④ 分析网站用户的访问路径，了解网站建设中的潜在问题；

⑤ 根据搜索的关键词分析，进行内容优化及页面布局；

⑥ 了解频道间相关性，帮助改善网站内容；

⑦ 了解外部导入网站带来的合作价值；

⑧ 分析市场活动的行为指向，了解市场运作及合作方带来的流量价值。

（3）对提高客户满意度、忠诚度和网站黏性的意义

通过数据分析，了解访问者最常进入以及最终流失的路径，找到留住访问者及避免用户流失的方法。

① 大部分访问者从哪里来——分析网站流量来源。

② 访问者最关注哪些栏目——分析访问者的浏览路径。

③ 访问者从哪里流失得最多——分析网站流量流失的原因。

④ 分析访问来源的差异性——分析不同访问渠道对流量的贡献程度。

如果发现网站的流量流失很严重，访问量与有效注册量的比例失衡，这时需要用数据分析查出用户流失的原因。

① 统计访问者流失最高的栏目。

② 分析该栏目访问路径中各个环节的流失率。

③ 分析该栏目页的主要问题并予以解决，提升用户操作满意度。

4. 网站访问统计分析报告

网站统计分析的周期一般是日、周、月、季、年，或者是某项营销活动的完成周期。单纯的网站访问统计分析是不够的，分析报告需根据网站流量的基本统计和可采集的第三方数据，对网站运营状况、网络营销策略的有效性及其存在的问题等进行相关分析，提出有效可行的改善建议，这才是网站访问统计分析报告的核心内容。网站统计分析一般包括以下几方面的内容：

① 网站访问量信息统计的基本分析。

② 网站访问量趋势分析。

③ 在可以获得数据的情况下，与竞争者进行对比分析。

④ 用户访问行为分析。

⑤ 网站流量与网络营销策略关联分析。

⑥ 网站访问信息反映出的网站和网站营销策略的问题诊断。

⑦ 对网络营销策略的相关建议。

5. 在线统计服务

将访问统计分析工具中的服务器端软件、桌面软件等进行比较。在线统计服务现在非常流行。若要使用在线统计服务，需要在网站的所有页面中，都加入一段统计代码。

目前常用的网站流量分析工具主要有以下几种：

① 百度统计

百度统计是百度推出的一款免费的专业网站流量分析工具，提供了丰富的数据指标，系统稳定，功能强大但操作简易。登录系统后按照系统说明完成代码添加，百度统计便可马上收集数据。百度统计功能包括：流量分析、来源分析、网站分析等多种统计分析服务。

② CNZZ 数据专家

CNZZ 数据专家以互联网数据业务为主要方向，致力于为广大站长提供最为稳定、安全、先进、可靠的专业流量统计系统与数据服务，是目前国内站长使用最多的网站流量系统，被业内公认为可信赖的第三方评判标准。

功能包括：在线列表、时段分析、日期统计、地域分析、搜索引擎、客户端分析、升降榜等。

③ 51.la

51.la 可以说是国内最经典的统计服务。51.la 的功能是所有统计服务中比较丰富的，连不是很重要的屏幕颜色、屏幕分辨率数据分析都可以查到。不过比较实用的功能还是关键词分析功能，可以通过这一功能了解到访客是通过搜索哪些关键词找到你到网站。另外网站排名、SEO 数据分析等对于了解网站的概况也很有用处。

功能包括：客户端分析、流量源、关键词、被访页、排名、时段分析、访问明细等。

④ 谷歌分析

谷歌分析（Google Analytics）是谷歌提供的一项免费网站分析服务，其功能非常强大，只要在网站的页面上加入一段代码，就可以提供丰富详尽的图表式报告。

功能包括：高层概览、营销分析、访问者分析、内容广告分析、客户端分析等。

第 5 节　网络危机管理

在网络时代，网络言论更加多元、更加活跃、更加自由，并且传播方式更多，因此相对于传统的危机事件而言，网络危机发生的可能性更大，爆发的速度更快，传播的范围更广泛，引起的争议更大。无论对于企业还是社会，网络危机都具有更大的破坏性和不可控制性。

网络危机是由网络产生、传播、扩散、升级的，对组织具有严重威胁及不确定性后果的情况。它是网络技术发展带来的一个全新的危机领域，也是网络媒体发展的必然结果。

1. 网络危机的特点

（1）突发性。危机往往在企业或社会毫无准备的情况下突然爆发，令人措手不及，给企业或社会带来混乱和惊恐。

（2）破坏性。危机发作后可能会带来比较严重的物质损失和负面影响，巨大的破坏性甚至可以让企业毁于一旦。

（3）不确定性。事件爆发前的征兆一般不是很明显，企业难以做出预测。危机出现与否与出现的时机是无法完全预见的。

(4) 急迫性。企业对危机做出的反应和处理的时间十分急迫，任何延迟都会带来更大的损失。

(5) 信息资源紧缺性：危机突然降临，决策者必须做出快速决策，在时间有限、混乱和惊恐围绕下，决策者很难在众多的信息中发现准确的信息。

(6) 舆论关注性：危机事件爆发吸引人们关注，进而引起媒体跟踪报道。企业越是束手无策，危机事件越会增添神秘色彩，引起各方的关注，从而导致影响的扩大。

2. 如何建立有效的危机管理机制

在互联网时代，企业必须建立科学合理的危机管理机制。一个有效的危机管理机制包括：

（1）危机管理制度

危机管理制度包括：界定危机的定义，危机的预防措施，组建危机处理组织（紧急应变小组）的条件和方式，危机管理计划的制定，危机处理的原则、方法和过程控制，危机管理的评价等。

（2）危机管理制度的组织执行

危机管理机制一旦被触发，则需要严格执行危机管理制度，对危机进行处理。危机管理的效率和效果取决于制度的合理性与执行力度、组织反应速度以及企业文化等。

在执行危机管理时，有以下几个方面值得特别注意：

① 事先预防

事先预防往往是最简单、最经济的方式。预防虽然不能避免所有的危机发生，但是可以大大降低危机的发生概率。事先预防当然需要付出成本，但经过对所有可能发生危机的后果进行预估，对预防的费用进行评估，最后确定合理的预防方案，往往能达到经济的效果。

② 及时鉴别危机的严重程度

一旦发现危机来临，则应该马上组织人员鉴别危机的性质，评估危机的严重程度，冷静制定危机处理行动方案。

③ 反应速度是关键

处理危机，反应速度是关键，执行危机处理方案刻不容缓。否则，在危机蔓延和升级后，处理难度和不良影响将大大增加。

④ 处理危机切不可因小失大

处理危机，必然要付出一定的成本和管理人员的精力，企业切勿因小失大。企业要建立高效的信息传播系统，争取获得媒体的理解和支持。真正从公众的长远利益出发，本着公开、坦诚、负责的精神与公众进行沟通，必要时要有勇气承认错误并给予所有受害者适当的补偿或者获得补偿的权利。

⑤ 要善于通过危机获利

危机事件虽然会对企业的形象和信誉造成不同程度的损害，但是通过正确的危机处理反而"因祸得福"的例子也不少。实际上公众对企业的预期并不高，以至于公司在做一件本应当做的事时，都可能受到热情洋溢的称赞，从而又给企业带来意想不到的效益。

3. 网络危机的有效预防

企业应该建立一个应对网络危机的评估体系，包括：

（1）信息监测：每天的网站和论坛的信息监测与特殊时期监测兼顾，比如3·15。

（2）信息和媒介影响评估体系。

（3）应对口径：企业需要提前做好一套相应的资料准备。

（4）与代理公司、网站多加联系，统一产品的统一宣传。

（5）对危机信息中涉及管理问题的时候必须及时处理。

本章重点、难点分析

（1）市场调研的流程。
（2）网络消费者的行为特征。
（3）网络整合营销的步骤。
（4）网站数据分析的主要方法和流程。
（5）网络危机管理机制。

本章小结

本章系统地介绍了互联网营销实施的整套流程，包括市场调研、消费者分析、整合营销方案的制定、网站数据分析等，以便网络营销工作者能系统、全面、科学地了解整个网络营销实施流程，并以此指导网络营销工作的实施。

本章思考题

（1）市场调研的流程是什么？
（2）网络消费者的行为特征有哪些？
（3）简述网络广告投放的收益分析方法。
（4）网络整合营销的步骤是什么？
（5）网站数据分析的主要方法和流程是什么？
（6）如何建立网络危机管理机制？

参考文献

[1] 王楗楠，王洪波编著. SEO网站营销推广全程实例［M］. 北京：清华大学出版社，2013.

[2] 周亮编著. 搜索引擎营销向导［M］. 北京：电子工业版社，2012.

[3]［美］格拉波内，［美］孔沁著. 搜索引擎优化每天一小时原书（第3版）［M］. 北京：清华大学出版社，2011.

[4]［美］鲁茨著. 写给大家看的搜索引擎营销书［M］. 北京：人民邮电出版社，2010.

[5]［美］AndreasRamos，［美］MaggieGuan著. 搜索引擎营销的成功策略与技巧解密［M］. 北京：清华大学出版社，2009.

[6] 严家成，卢盟晃著. SEO关键解码网站营销与搜索引擎优化［M］. 北京：人民邮电出版社，2011.

[7] 田欣编著. 赢在搜索搜索引擎营销给企业带来什么［M］. 北京：人民邮电出版社，2009.

[8] 周亮编著. 搜索引擎营销向导［M］. 北京：电子工业出版社，2012.

[9] 吴泽欣编著. SEO教程搜索引擎优化入门与进阶［M］. 北京：人民邮电出版社，2014.